PORTOS DE PASSAGEM

PORTOS DE PASSAGEM

João Wanderley Geraldi

Copyright © 1991, Livraria Martins Fontes Editora Ltda.,
São Paulo, para a presente edição.

1ª edição 1991
5ª edição 2013
3ª tiragem 2023

Preparação do original
Maurício Balthazar Leal
Revisões
Áurea Regina Sartori
Maurício Balthazar Leal
Edição de arte
Katia Harumi Terasaka
Produção gráfica
Geraldo Alves

Dados Internacionais de Catalogação na Publicação (CIP)
(Câmara Brasileira do Livro, SP, Brasil)

Geraldi, João Wanderley
    Portos de passagem / João Wanderley Geraldi. – 5ª ed. –
São Paulo : Editora WMF Martins Fontes, 2013. – (Coleção
linguagem)

    ISBN 978-85-7827-695-9

    1. Análise do discurso 2. Linguagem e línguas – Estudo e
ensino 3. Português – Redação I. Título.

13-04630   CDD-407

Índices para catálogo sistemático:
1. Linguagem e línguas : Estudo e ensino   407
2. Línguas e linguagem : Estudo e ensino   407

Todos os direitos desta edição reservados à
Editora WMF Martins Fontes Ltda.
Rua Prof. Laerte Ramos de Carvalho, 133 01325-030 São Paulo SP Brasil
Tel. (11) 3293.8150 e-mail: info@wmfmartinsfontes.com.br
http://www.wmfmartinsfontes.com.br

SUMÁRIO

Prefácio IX
Introdução – Da experiência: memórias,
aprendizagens e utopias XV

Capítulo 1 — Linguagem e trabalho lingüístico   1

1.1 Sinalizações de pontos de partida   1
1.2 A historicidade da linguagem   8
1.3 O sujeito e suas ações lingüísticas 15
   1.3.1 A propósito das ações que se fazem
      com a linguagem 26
   1.3.2 A propósito das ações que se fazem so-
      bre a linguagem 41
   1.3.3 A propósito das ações da linguagem 51
1.4 Contexto social das interações verbais 58

**Capítulo 2 — Identidades e especificidades
do ensino de língua** 73

2.1 A construção do objeto científico 73
2.2 A construção do conteúdo de ensino 83
2.3 O texto como parte do conteúdo de ensino 96

Capítulo 3 — No espaço do trabalho discursivo, alternativas 115

3.1 Um discurso já com tradição (ou um exercício de montagem) 115

3.1' Um discurso já com tradição (a montagem com seus personagens) 123

3.2 Do reconhecimento ao conhecimento; da reprodução à produção 131

3.2.1 A produção de textos 135

3.2.2 A leitura de textos 165

3.2.2.1 A perigosa entrada do texto para a sala de aula 168

3.2.2.2 O texto e as estratégias do dizer 180

3.2.3 A análise lingüística 189

Conclusão — De feito, muito a fazer 219

Notas 223

Referências bibliográficas 243

Para **Corinta, Tânia e Joana**
pelo muito que são
na vida que compartilhamos.

Para **Laudelino e Maria Geraldi**
porque como pais compreenderam
as opções de todos nós e
souberam ajudar a realizá-las.

Para **Paulo Freire**, que ensina sempre.

PREFÁCIO

Os privilegiados destinatários deste novo livro do **professor** J. Wanderley Geraldi (e que o leitor interprete a ênfase intensiva desse negrito) são os colegas professores: os que se comprometem em situações de sala de aula e os que estudam as condições dessa prática refletindo sobre elas e pesquisando-as.

Agora, não se espere um texto guia, ou um texto metodológico, ou os resultados de uma pesquisa regrada e circunscrita, ou um relato de casos. Esperem um texto fundador, sobre o qual se pode estimular e organizar uma reflexão básica para tudo isso: para orientar as ações (interações) pedagógicas, para inspirar estratégias e métodos, para iluminar hipóteses de investigação, para conviver com uma enriquecedora experiência, pessoal mas transferível.

Escrito de um só fôlego e em um estilo corrido e quase sôfrego, o texto resulta (não se enganem) de uma paciente experiência que se reelabora por mais de dez anos, desde o improviso das primeiras aulas, passando pelo crítico duro

IX

e iconoclasta e, depois, pelo pregador voando por esses brasis afora, até decantar-se nos grupos de pesquisa universitária. Uma experiência que não se conta, mas se interroga a si mesma. Uma experiência que não se sintetiza em uma formulação conclusiva, mas que se quer aberta e inacabada. Que, por isso mesmo, não é bem retrospectiva, nem reminiscente, mas se projeta em perspectiva.

E está nisto a primeira singularidade deste belo livro: confessa o que as teses acadêmicas com tanto cuidado disfarçam, o seu caráter de projeto, de repouso a meio caminho para realimentar a ação do próprio autor e dos leitores. E não se trata de modéstia retórica ou de parcialidade sazonal. Ao contrário, o texto se dá como incompleto e inconcluso como conseqüência do modo pelo qual o professor Wanderley avalia a natureza de seu trabalho. Resulta, primeiro, da convicção do caráter dinâmico da prática sobre a linguagem, sobretudo da prática pedagógica sobre a linguagem. E resulta da convicção de que a produção de conhecimentos sobre essa prática é um processo de construção e reconstrução a muitas mãos (de estudiosos, analistas, professores e alunos), o que pressupõe uma permanente reavaliação. Sempre um cenário em videoteipe de um movimento contínuo.

Por trás do professor Wanderley está o lingüista Wanderley, na medida certa. Não, o seu livro não é um livro de lingüística. O seu livro também não tenta construir pontes entre a lingüística e o ensino. Porque o professor e o lingüista se integram em um só corpo. Ou o lingüista se encarna no professor.

Deixem-me esclarecer essa imagem. Quero dizer que o lingüista não fica ali à porta da sala de aula, com seu estoque de achados e guardados, atendendo a requisições. A boa formação em semântica, em sintaxe, em pragmática das línguas naturais, própria do lingüista, se manifesta nos pressupostos de que o autor parte, na concepção de linguagem que assume, na compreensão do que seja o trabalho e as ações lingüísticos, nos princípios e atitudes pedagógicos que adota. Desse modo, a informação lingüística e teórica não se "escolariza", nem se "manualiza". Transcende seu estatuto conceitual e estruturado e se instancia em uma prática.

Destaco, nesse particular, a opção fundamental por uma teoria da linguagem que a considere em sua dimensão discursiva. Wanderley sabe que se pode (e se deve) pensar a linguagem, em sua misteriosa complexidade, sob outros pontos de vista mais ou menos metodologicamente redutores ou com objetivos mais específicos, como investigar, via linguagem, a natureza abstrata e formal dos princípios que presidem sua construção e a arquitetura da própria mente humana. Por que essa opção por uma análise do discurso, em uma visão abrangente (que vem certamente do diálogo com Haquira Osakabe)?

Acontece que, na escola, na produção e compreensão dos textos e na análise lingüístico-gramatical (intuitiva) das operações envolvidas nesses processos, a linguagem não se dá como objeto epistemológico. Dá-se por inteiro, em sua dimensão política, histórica, social, contextual. Dá-se como um acontecimento interativo e multifacetado, estruturante mais que estrutura. Envolve, pois, ações: além da ação que a linguagem, ela mesma, é, as ações que a linguagem faz e as ações que com ela se fazem e que se fazem sobre ela. Pensem, ainda, em outras inúmeras operações discursivas mais específicas, em diferentes jogos de linguagem: a construção dos interlocutores e de sua imagem; a partilha das informações e pressuposições recíprocas; a negociação do contexto relevante e do sentido; a escolha das estratégias narrativa, descritiva, dissertativa, argumentativa; os processos de categorização e de estruturação semântica da realidade-tema; a inserção demonstrativa e determinativa dessas representações em situações de referência; a opção estilística pelos mais diversos recursos expressivos, etc. (E aqui um "et coetera" vai bem.)

O importante é que o autor lingüista não deixa desfazer-se a linguagem em uma análise semiótica vazia, nem em uma análise do discurso puramente sociológica ou meramente ideológica. Sua concepção de discurso pressupõe o óbvio (que alguns "analistas do discurso" fazem de conta que vêem mas ignoram): pressupõe o trabalho da linguagem e o fato de que existem esses sistemas-produtos que são as línguas naturais. Se, por um lado, afasta o mito de uma análise exclusivamente formal baseada na pretensa "univocidade absoluta, identificável com o sonho da transparência" dos sentidos na forma lingüística, por outro lado, afasta o mito de uma "indeterminação absoluta" da linguagem em que o sentido ficasse esperando, nas palavras e sentenças vazias e mudas, o seu contexto.

XII

Eis outro valor no texto: o tempo e a experiência fazem reaparecer um autor maduro e consistente, que superou o fascínio dos "contextualismos" e os desvios fáceis de uma perspectiva exclusivamente ideológica e pré-teórica.

Isto não nos leve a esquecer que, adiante do Wanderley professor e lingüista, vai dando o ritmo e o passo o político João (João Wanderley Geraldi). Somente para dizer que o livro tem cheiro de gente e o prazer de uma grande paixão. Neutro, prudente, distante, polido, como devem ser as teses acadêmicas, é o que ele menos é. Assim, as experiências de que resulta o livro não são experimentos. São ações políticas por uma escola pública de boa qualidade, são interações com os professores dessa escola para construírem o conhecimento, em mutirão, em uma prática social, comprometida e responsável.

Eu me arriscaria mesmo a dizer que a consistência geral do livro não deriva necessariamente da opção por um determinado quadro teórico ou da lógica interna de um sistema conceitual. Decorre de um posto de observação panorâmico (não eclético), que reúne, em uma mesma perspectiva, uma concepção de linguagem enquanto atividade constitutiva, coletiva, histórica e social; uma concepção da produção do conhecimento que se dá na socialização e até no conflito; uma concepção da educação, do ensino e da escola como parte de um esforço comum pela transformação da sociedade; uma concepção de seus leitores-professores, como parceiros a que se respeita e se estima.

Com essas características, não esperem um texto limpo, sem controvérsias e provocações. Seria cobrar do livro mais do que o autor quis: um texto amadurecido, mas que prevê sempre novas estações; programático e interrogativo, sem lição definitiva; objetivando novos comprometimentos e não um exercício acadêmico.

E paro aqui, porque se me aguçou uma grande vontade de relê-lo.

Carlos Franchi

INTRODUÇÃO

DA EXPERIÊNCIA:
MEMÓRIAS, APRENDIZAGENS E UTOPIAS

Sei que estou contando errado, pelos altos. Desemendo. Mas não é por disfarçar, não pense. De grave, na lei do comum, disse ao senhor quase tudo. A lembrança da vida da gente se guarda em trechos diversos, cada um com seu signo e sentimento, uns com os outros acho que nem não misturam. Contar seguido, alinhavado, só mesmo sendo as coisas de rasa importância. De cada vivimento que eu real tive, de alegria forte ou pesar, cada vez daquela hoje vejo que eu era como se fosse diferente pessoa. Sucedido desgovernado. Assim eu acho, assim é que eu conto. O senhor é bondoso de me ouvir. Tem horas antigas que ficaram muito mais perto da gente que outras, de recente data. O senhor mesmo sabe.

(Guimarães Rosa, *Grande Sertão: Veredas*)

Certamente o fato de ter sido um professor leigo, bancário que dava aulas numa escola noturna do Rio Grande do Sul, marcou e marca mais profundamente minha ação como professor, hoje, do que eu mesmo imagino[1]. Professor por acaso (ou pela vaidade dos dezenove anos), hoje diria felizmente sem habilitação prévia, mas tendo que me habilitar no trabalho, estava livre para arriscar-me na construção de minhas aulas, na seleção de temas, na conversa com os alunos: eu não era professor, mas bancário. Os alunos sabiam disso, eu sabia disso.

Estava na escola, primeiro por colaboração, depois por paixão. E isto me permitiu ouvir a todo o momento meus alunos (em sua maioria companheiros e companheiras de divertimentos, de bar, de praça, de dança e de namoros, o que nos unia fora da escola). E, das falas deles e nas falas com eles, ia revendo o que fazíamos na escola.

Um quase descompromisso que comprometia: o descompromisso vinha da ignorância de programas a desenvolver, de métodos e recursos didáticos que só conhecera como aluno; o compromisso vinha do convívio externo à escola e de uma certa intuição e vontade de não me repetir nas imagens (desfavoráveis, em sua maioria) que fazia dos professores que tive no 1.º e 2.º graus (recém-feitos). Nas imagens, retratos que não queria para mim; nos alunos, espelhos que me devolviam a toda hora o que construíam do professor que formavam e se formava no trabalho.

O compromisso leva o professor não habilitado ao curso de Letras mais próximo: a titulação exigida por lei faz abandonar a formação que se fazia no trabalho e a troca pela caça ao título. Junto com o "habilitado a" vem muita informação e, com ela, a cautela. Arriscar, depois de formado (ainda que inconformado), já não "pegaria bem": aprendi a planejar, aprendi a manejar recursos didáticos, aprendi a medir (parece que estudei alguma coisa que se chamava Medidas Educacionais). Mas o bancário via no professor a possibilidade de existência que o manuseio de fichas, as somas de horas a fio para confirmar o total que já se sabia, as seis horas de formulários que se preenchem rotineiramente etc. matavam. Dar aulas era uma válvula de escape. Nas aulas se podia legitimamente falar de romances, de poesias, de linguagem e, agora habilitado, de prescrições gramaticais.

Neste tempo de formação e de recém-formado, muito curso de extensão universitária, de treinamento (especialmente nos tempos de implantação da lei 5.692/71), de reciclagens, de atualização. Buscava o que podia, pois já incorporara a crença de que "ser professor" é desatualizar-se no trabalho, desqualificar-se depois que fora dado por habilitado. Incorporara, vejo hoje, a ideologia de que o trabalho não forma e me via às voltas com as necessidades de conciliar o expediente do bancário com os cursos que poderiam me tornar mais habilitado. Veio a especialização e, depois dela, o ingresso no ensino de 3.º grau. E, com este, a carreira nova que faz o professor deixar a carreira melhor remunerada do bancário. Professor universitário, de escola noturna de formação de professores. Curso de Letras. Só mais tarde, diploma de mestre na bagagem, encontro a Universidade que só conhecera na pós-graduação. Agora, já professor de universidade.

XVII

A liberdade acadêmica, nesta, permitiu o retorno, com outros olhos, ao enraizamento no compromisso que havia começado no longínquo Ginásio Comercial de São Luís Gonzaga (RS).

* * *

É intrigante o fato de que o sistema escolar forme dois tipos de recursos humanos[2]: *profissionais* e *professores*. E já na distinção entre os termos "bacharel" e "licenciado" confessamos

> que ainda continuamos pensando e equacionando a formação dos profissionais da Educação Escolar atrelada a propostas de recuperação da escola. Uma área próxima como a da Saúde não concebe a formação de seus profissionais em vínculos tão estreitos com a crise da Saúde Pública. A qualidade da formação do médico, do enfermeiro, do odontólogo e a qualidade dos centros em que eles se formam é medida pelo domínio dos avanços do conhecimento, das ciências e das técnicas na área de Saúde. Acontece, inclusive, que a capacitação desses profissionais vai muito além da precariedade da Saúde Pública. Esta não é explicada pela desqualificação dos profissionais, mas por determinantes sociopolíticos mais estruturais e globais.
> (...)
> Os centros de processos de formação profissional adquiriram uma certa autonomia ou perderam aqueles vínculos "utilitários", aquele caráter de receituário que tinham tradicionalmente (...) e passaram a tratar a qualificação em função dos avanços do saber e da técnica em cada área do social.
> (Arroyo, 1989: 36-37)

Criada a distinção entre a formação de profissionais e de professores, de um modo geral, quando se toma consciência da "crise escolar", especialmente da escola pública, a primeira correlação que se estabelece é entre a desqualificação desta e a desqualificação dos professores. E, em conseqüência, os programas de formação de professores, em sua maioria, acabam incorporando, como ponto de partida, uma concepção de trabalho como suplência de carências através de cursos de reciclagens, treinamentos e atualizações. Há muitas razões para explicar, de um lado, esta correlação mecânica entre a baixa qualidade da escola e a desqualificação de professores (entre elas se pode apontar que o sistema escolar, em suas unidades de ensino, não possibilita condições de trabalho a seus profissionais que lhes permitam, no trabalho, desenvolver-se) e, de outro lado, a existência continuada de programas especiais para formação contínua de professores, retirando-os do trabalho para cursos esporádicos que acabam atendendo, aparentemente, a uma minoria e, por isso, não alteram concretamente a ação global do sistema de ensino. Acredito que somente mudanças globais que passem a considerar o professor um profissional do sistema de educação escolar poderão erradicar "a crise" da escola. Retornarei a este ponto mais tarde.

Gostaria de adiantar aqui uma hipótese a propósito desta preocupação e ocupação constante do sistema escolar em formar os professores que, ele próprio, dera por habilitado. Minha hipótese tem a ver com a questão da reprodução social que a escola cumpre enquanto instituição. Ao diplomar seus professores, dando-os como habilitados (penso aqui naqueles com formação universitária), o sistema lhes diz que são profissionais. Depois, contrata-os e trata-os como não profissionais ao longo do exercício do magistério. E faz isso de vários modos: por uma relação de emprego em que os direitos de trabalhador não são respeitados; por condições de trabalho que não lhes dão sequer espaço físico para continuarem estudando, etc.[3].

Para mim, o fato de o sistema escolar dar o professor como formado poderia significar que, tendo ultrapassado as barreiras, ele estaria pronto para exercer seu trabalho, com a autonomia que as condições históricas lhe permitissem. Autonomia e competência. Ora, um agente educacional, trabalhando num sistema que reproduz também pela inculcação da ideologia da incompetência[4], não se pode ter como competente. Esta auto-imagem poderia fazer do professor alguém que, tendo-se por competente, poderia deixar de inculcar a ideologia da incompetência. E perder-se-ia todo o esforço empregado em sua formação! Para o sistema escolar é mais importante que seus próprios agentes — principalmente dos graus inferiores de ação — se tenham por incompetentes para melhor cumprirem o papel de inculcação da ideologia da incompetência.

Formado, qual a solução para o professor não escapar, ele também, da mesma inculcação ideológica? Fazê-lo ver, a todo instante, por cursos de treinamento, reciclagem, atualizações[5], o quanto lhe falta para constituir-se como profissional. Por isso, os programas de cursos são esporádicos, emergenciais, sem continuidade, atingindo a totalidade através das minorias que os freqüentam. E, o que é pior (ou melhor?), depois de

XX

freqüentá-los devem, muitas vezes, "repassar" em duas horas de reunião de professores o que ouviram em 40 horas de curso. Esta prática de aparente "formação em serviço" permite a manutenção do sistema como um todo.

Como professor de 1.º e 2.º graus, já tinha assistido muitos cursos de reciclagem e treinamento, em sua maioria centrados em questões de *como* ensinar o que já vínhamos ensinando. Esta experiência é um componente de explicação da recusa em dar cursos deste tipo a professores, quando solicitado. Aproveitava as ocasiões para transformá-los na crítica a receitas, na crítica ao que vinha sendo ensinado como conteúdo da língua portuguesa; usava de meus conhecimentos para mostrar aos professores que eles *não* sabiam o que exigiam que os alunos soubessem: lembro-me de ocasiões em que preparava baterias de exercícios de análise sintática com o único objetivo de mostrar aos professores que eles não sabiam resolvê-los. Enfim, iconoclasta, sentia-me feliz quando imaginava que, depois do curso, não ficava pedra sobre pedra. Para aproveitar uma imagem de Brecht, "assim se passaram alguns anos que sobre a terra me foram concedidos".

Diploma na mão, dissertação de mestrado mais do que defendida, apresentada, retorno, em 1978, ao interior do Rio Grande do Sul com uma nova crença, ainda não abandonada por completo: o que falta aos professores é uma melhor formação teórica. A defasagem entre o que eu imaginava que conheciam os professores (agora, alguns já meus ex-alunos) e o que eu conhecera na oportunidade de estudar dois anos como bolsista deveria ser coberta por cursos de *atualização*. Missionário na educação, lá vai o professor dar palestras, cursos, disciplinas em cursos de especialização: todas falando das novidades aprendidas no centro do país. Foram cursos sobre sintaxe gerativa (no modelo que conhecia), sobre enunciação, sobre sociolingüística. Tudo mudara para mim. Mas meus ex-alunos continuavam lá, na escola, com o livro didático na mão (deles e dos alunos). Agora, nenhum receio mais. Não se tratava de dar cursos sobre o *como* ensinar, mas se tratava de mudar *o que* se ensinava. E tudo se resolveria. Foram os tempos de cursos de atualizações. Uma surpresa: eles duraram mais do que o tempo que fiquei no interior. Também em Campinas, a partir de 1980, os primeiros contatos com professores que imaginava informados — afinal, viviam tão próximos da Universidade — mostram que eles estão "desatualizados". Então, atualizemo-los aproveitando as oportunidades do Convênio de cursos com a Secretaria de Educação (eram também tempos de salários baixos, e a renda extra vinha a calhar numa vida de "cidade grande").

Na verdade, ocupava-me com o ensino de 1º grau (até pela função de professor de um curso que formava — ou habilitava — pessoas para o magistério), sem me preocupar com ele. O ângulo redutor com que via a realidade me exigia definir meus cursos (aqueles que o departamento me atribuía) sem considerar quer a precariedade da situação de ensino nos níveis inferiores e, para mim, preocupar-se com essa precariedade era reduzir tudo ao didatismo, às técnicas de ensino (e a lembrança do professor reciclado não permitia isso), quer a possibilidade efetiva de os alunos produzirem análises próprias dos dados lingüísticos. Higienizava estes para que aqueles aprendessem a teoria a ser transmitida. Então um *slogan* me guiava: *o que falta aos professores é teoria*. Construir a ponte entre as aulas de semântica, de sociolingüística, de análise do discurso e as aulas de língua portuguesa na escola era problema de quem tivesse que pensá-las. Eu não era companheiro de travessia: isto era função da área pedagógica que, confesso, olhava como menor.

Ocupar-se com a questão, no entanto, era já sinal de uma preocupação que se instalara já com os primeiros cursos de atualização: uma turma de Práticas de Ensino ficou sem professor porque nenhum dos membros do departamento de educação de então (estava em Ijuí, em 1979) aceitava dar aulas no Curso de Letras. Pepino na mão: alguém tem que mostrar como pode ser um curso destes. E a coordenação, na distribuição das tarefas, coube a mim. Aos colegas, pedi que fizessem "falas" a partir de seu ângulo de visão. De minha parte, acompanhava tudo. Aí comecei a ver o que Diderot já dissera na *Enciclopédia*:

> Aquele que sabe somente a geometria intelectual é normalmente um homem sem destreza, e um artesão que tem somente a geometria experimental é um operário muito limitado... Sobre certos problemas tenho certeza que é impossível conseguir algo satisfatório das duas geometrias em separado.
>
> (apud Manacorda, 1989: 241)[6]

Literalmente livre da turma no final do semestre, voltei, já não tão confiante, aos meus cursos de atualização para professores. Num deles, alguém provocou: e se você fosse professor de 1.º grau, o que faria? De repente, via que uma pergunta destas poderia estar querendo uma resposta e não uma receita. O desdém do passado se torna dúvida.

E a dúvida vem comigo para a Universidade. Em 1981, em curso sobre Teorias Gramaticais e Gramáticas Pedagógicas, que fazia como aluno, sou instado a falar da ponte sobre a qual não queria estar. Nem ser companheiro na construção. Desta fala surgiram os *Subsídios Metodológicos para o Ensino de Língua Portuguesa de 5.ª a 8.ª Séries*, imediatamente publicados como *Cadernos da Fidene* n.º 18. Qual a aposta do texto? Indicar caminhos, retomando uma concepção que me parecia, na época, estar subjacente ao que se denominava de "lingüística da enunciação": era preciso que o ensino de língua se centrasse na própria prática lingüística, e estas não poderiam ser artificiais, sob pena de imobilizarem alunos, professores e o próprio objeto de ensino.

Este texto inicial tinha muito de receita e muito de risco: aparentemente, até por sugerir formas de distribuição do horário de aulas, permitia uma certa segurança aos professores; por outro lado jogava-os na aventura de se assumirem como sujeitos de suas aulas, dada a imprevisibilidade do que aconteceria em cada classe, em cada projeto que o grupo fosse construindo durante o ano letivo. Não tenho a menor dúvida de que, em alguns cursos, "vendi a receita para conquistar os incautos". Mas a prática foi mostrando que a receita não produzia o mesmo bolo.

E os cursos iniciais se transformaram em projetos: um curso, uma discussão, uma prática de sala de aula, um retorno com muitas perguntas. E nestes projetos fui me envolvendo durante dez anos.

O primeiro grupo de professores que acabei acompanhando foi da longínqua Aracaju. Iniciamos em 1981. E não terminamos até hoje. Algum dia terminaremos, ou, como acontece atualmente, estaremos sempre mudando as formas de nossas ações? Concomitantemente, um grupo em Campinas, a partir de 1983. Lembro, como passagem, um dos encontros desse grupo em que um professor se reclamava *inseguro*: fiz então o elogio à insegurança como forma de aprender. Ao trabalho já não ia sozinho: colegas me acompanharam, com suas histórias e com suas preocupações[7]. E nestes trabalhos fomos aprendendo: dos cursos de atualização para os seminários de trocas de experiências e destas para um projeto comum, envolvendo-nos numa trajetória que se vai espalhando: Aracaju, Campinas, Oeste do Paraná, Mato Grosso do Sul, Rondônia. Até de uma comissão oficial acabei fazendo parte!

O que aprendemos com tudo isso? Impossível recuperar tudo o que correu, mas creio ser possível detectar algumas aprendizagens:

1. *que uma mudança só se produz coletivamente*: nossa solução foi a criação de grupos de estudos, formados por professores, em que sucessos e insucessos se complementavam na busca de razões para o que havia ocorrido. A aposta era que os professores destes grupos acabariam por pressionar o sistema escolar tanto por melhores condições de trabalho quanto por oportunidades

para sair de si próprios com indagações que os levassem ao estudo. Em alguns lugares isso se deu: Aracaju, Oeste do Paraná, Mato Grosso do Sul. Por isso os grupos eram chamados a interrogarem a sua própria experiência. E, para surpresa nossa, professores antes tão avessos à teoria passaram a exigir cursos de Filosofia, de Sociologia, de Fonologia, de Teoria Política, de Literatura... Isto nos levou a aprofundar a aposta e a constatar que é preciso *tempo* de formação no trabalho, e não meramente um acompanhamento que responda a dúvidas. O tempo nos fez ver que as trocas de experiências, em cujos seminários são chamados a falar professores que, apesar de tudo, se tornaram profissionais, cristalizam as experiências de cada um, tornando-as *modelos*. A tudo o que se diz, o professor responde: já faço isso. Só não se dá conta de que o faz esporadicamente, no interior de uma prática que anula a experiência que ouviu, e que, por repetir, já não é experiência sua, mas corpo estranho que "moderniza", "enverniza" aulas não assumidas. A constituição de grupos permitiu que a experiência se fizesse em conjunto;

2. que *os grupos*, ao mesmo tempo que não podem ficar ao léu, *não podem ser dirigidos por alguém que se erige como juiz* para dizer: isto está dentro da proposta; isto está fora. Agindo assim, não só a proposta vira receita; também os professores viram tarefeiros, aplicadores. E como não há uma receita com pesos e medidas, o bolo acaba abatumado, sem vida;

3. que tudo isso seria inútil se os professores não conquistassem uma *autonomia*, que não

tem um ponto final, mas que se vai construindo cotidianamente. Para tanto, era preciso deixá-los andar com as próprias pernas: o que significa não se responsabilizar, enquanto docentes universitários, pelas práticas destes professores, nem tampouco controlá-los para, em nome de uma ciência, com variáveis bem definidas, transformar o que era vida em tema de exposições científicas. Esta aposta passou a ser uma preocupação constante do nosso grupo: não bastava aceitar um convite para participar de um projeto; era preciso ter no horizonte um momento de saída, o mais breve possível, para não criar obstáculos à construção da autonomia do novo grupo de professores e de cada um deles. Penso que esta autonomia comprometeu muitos professores que, em função das dificuldades que foram constatando, procuraram cursos de especialização, e mesmo de mestrado, em escolas as mais diversas, não como alunos sem indagações, mas como alunos que traziam na bagagem uma experiência de construção de um conhecimento ainda não explicitado mas que já era suficiente para perguntas além daquelas que demandam um receituário de aulas;

4. que, se a crítica se quer construção, é preciso apontar alguns caminhos. Isto nos levou a repensar, no interior da crise da escola, a crise do professor, expropriado não só em seus salários, mas também em suas crenças e identidades;

5. que uma proposta tem várias leituras: houve professores que as tomaram como receita e estão sempre a exigir soluções para os problemas que a prática lhes traz; houve professores que,

XXVII

experienciando-a, viram que não havia tantas respostas prontas quanto parecia haver, e retornaram ao livro didático, mais seguro e menos comprometedor; houve professores que, entendendo-a como proposta, passaram a construir o seu caminho e nesta construção foram vendo os problemas efetivos que a própria proposta continha.

Mas, sobretudo, aprendeu-se que *não há ponte* entre a teoria e a prática. A práxis exige construção, permanente, sem cristalizações de caminhos. Na práxis, alteram-se sujeitos envolvidos e percepções sobre o próprio objeto. Em se tratando de objeto que se move, se constitui, a própria natureza do objeto destrói pontes enquanto caminhos que se fixam. Então, é preciso eleger o *movimento* como ponto de partida e como ponto de chegada, que é partida.

Em sentido estrito, este trabalho não escolhe um tópico delimitado de estudo para o qual a lingüística poderia fornecer resposta adequada na ação pedagógica; ao contrário, escolhe uma perspectiva em relação à linguagem e, a partir dela, discute as práticas correntes no ensino de língua portuguesa apontando para outras práticas implicadas pela perspectiva assumida. Três aspectos serão privilegiados: o ensino da *redação*; o ensino da *leitura* e o ensino da *gramática*. Em nenhum deles, no entanto, e a não ser a título de exemplo, se tomará uma questão delimitada em todas as suas filigranas, apresentando resultados de um caminho percorrido e analisado em todos os seus detalhes. Neste trabalho, não há o relato e a análise de uma experiência. Resulta de experiências de contatos com professores e deles é continuidade. Mas resulta também de contatos com estudos da linguagem, especialmente aqueles realizados por lingüistas que têm tomado o texto ou o discurso como seu objeto de reflexão.

Assim, este trabalho tem duplo objetivo: de um lado registrar uma reflexão que se está processando; de outro lado, pelo registro, permitir a continuidade. É, pois, ponto de chegada e porto de partida — passagem. Como tal, lacunar e programático. Depois de dez anos de trabalhos com professores, o registro se impõe para clarear lacunas, falhas, faltas, mas também para aprofundar opções, fundamentar práticas intuitivamente construídas e experienciadas, subsidiando àqueles que fazem no seu dia-a-dia da sala de aula[8] a educação lingüística possível no interior de um sistema escolar falido numa nação de explorados em benefício de uma minoria.

O que se vai ler é um pouco destas aprendizagens e também um pouco das utopias que levaram a elas.

XXIX

CAPÍTULO 1

LINGUAGEM E TRABALHO LINGÜÍSTICO

pergunto: tu, ante o presente,
como te defines ao que será passado?
Há urgência de resposta, antes que a noite chegue.
Carregarás fardos para evitar
(repara que o rio corre e a noite vem como onda)
ou deixarás que apenas sejamos o tempo
e irreparável memória?

(José Carlos Capinan, *Inquisitorial*)

1.1. Sinalizações de pontos de partida

No ensino, sucesso ou fracasso não se deixam explicar, ao que parece, como encadeamentos sucessivos de "estados estritamente determinados": como ondas, as dúvidas levantadas em cada encontro, em cada curso, em cada projeto, assinalam a existência de uma crise cujas causas não se fixam em um único lugar e cujas conseqüências, visíveis a olho nu, desde que olho atento, ganham já destaque da imprensa não mais como acontecimentos extraordinários, mas como emergência de acontecimentos cotidianos.

Alguns exemplos dessas repercussões podem ser esclarecedores: "Vestibular põe ensino em xeque" é a principal manchete do *Jornal da USP* (Ano V, n.º 127, 19 a 25-2-90), com chamada para reportagem de quatro páginas em que se analisa a situação do ensino de 1.º e 2.º graus, reportagem motivada pelo fato de que 739 vagas da Universidade não foram preenchidas porque os candidatos não obtiveram a pontuação mínima exigida pelo concurso; "Barbárie educacional" é título de editorial da *Folha de S. Paulo* (Ano 70, n.º 22.243, 25-2-90), motivado pela publicação, no mesmo jornal e dois dias antes, dos primeiros dados de pesquisa de avaliação do ensino público realizada pela Fundação Carlos Chagas a pedido do Ministério da Educação; "O analfabetismo no Brasil" é título de texto de Sérgio Haddad, publicado no mesmo jornal, no dia internacional da alfabetização (8-9-89), em que se pode ler que a economia brasileira, no período de 1940 a 1980, se multiplicou, com crescimento médio de 7% ao ano, passando de 49.ª economia do mundo para 8.ª, no mundo capitalista, enquanto que no mesmo período o número de pessoas analfabetas cresceu de 21,2 para 32,7 milhões.

Mas há também repercussões de outra ordem: a crise e suas conseqüências, como lamentos, chegam à Constituinte de 1988: a erradicação do analfabetismo e a universalização do ensino fundamental passam, no Brasil, a princípios constitucionais, fixando-se em dez anos o prazo para a consecução de tais objetivos:

> Nos dez primeiros anos da promulgação da Constituição, o Poder Público desenvolverá esforços, com a mobilização de todos os setores organizados da sociedade e com a aplicação de, pelo menos, cinqüenta por cento dos recursos a que se refere o art. 212 da Constituição, para eliminar o analfabetismo e universalizar o ensino fundamental.
> (Art. 60 dos Atos das Disposições Transitórias da Constituição de 1988)

Denúncias e anúncios que desafiam e convidam para uma reflexão sobre o ensino de língua portuguesa entre nós. Concomitantemente, põem um obstáculo: como focalizar a questão se a experiência de convívio com ela demonstra a natureza multifacetária de seus problemas? Tratar um tema multifacetário é sempre um risco. Risco que se apresenta de duas formas: ou bem o especialista restringe-se ao ponto de vista de sua disciplina, excluindo outros em nome da conveniência de delimitar a questão, ou bem "corre à rédea solta na multidisciplinaridade e cai numa deriva que leva freqüentemente a deixar o campo de sua disciplina para tudo dizer, tudo descrever, ser especialista em tudo e de fato nada dizer"[1]. (Fall, 1988: 74)

Aparentemente, a tranqüilidade da escolha de um foco poderia ser atingida pela seleção do próprio objeto de ensino: a *língua* ou mais amplamente a *linguagem*. No entanto, iluminar nossa compreensão do ensino de língua portuguesa e construir, a partir daí, alternativas possíveis de ação na escola que temos (sem esquecer a escola que queremos), tomando como foco a própria linguagem e pensando que desta forma afastamos todos os riscos, é uma ilusão.

Por isso, ao escolhermos a linguagem como posto de observação para a compreensão das questões de seu ensino não evitamos, *ipso facto*, o risco apontado por Fall e tampouco podemos esquecer que a tranqüilidade das respostas do especialista pode se chocar com as tranqüilidades das respostas de outros especialistas. Como Bento, personagem de Nélida Pinõn (*A república dos sonhos*), temos que compreender que nada no universo humano guarda estrita fidelidade à mera aparência de realidade e que a interpretação da realidade se justifica mediante a certeza de se fazer dela uma abordagem que leve em conta sua absurda e infinita complexidade.

Homens, nascidos na história e constrangidos pela história, vamos construindo soluções (que a cada vez não se querem paliativas), conscientes de que o que se vai tecendo, a pouco e pouco, em cada ponto, em cada nó, é uma resposta marcada pela eleição de postos de observação possíveis que somente uma sociologia do conhecimento e uma história do conhecimento poderão explicar. Navegantes, navegar é preciso viver. Nossos roteiros de viagens dirão de nós o que fomos: de qualquer forma estamos sempre definindo rotas — os focos de nossas compreensões.

Face ao reconhecimento, tácito ou explícito, de que a questão da linguagem é fundamental no desenvolvimento de todo e qualquer homem; de que ela é condição *sine qua non* na apreensão de conceitos que permitem aos sujeitos compreender o mundo e nele agir; de que ela é ainda a mais usual forma de encontros, desencontros e confrontos de posições, porque é por ela que estas posições se tornam públicas, é crucial dar à linguagem o relevo que de fato tem: não se trata evidentemente de confinar a questão do ensino de língua portuguesa à linguagem, mas trata-se da necessidade de pensá-lo à luz da linguagem. Escolha-se, por inevitabilidade, o posto. Escolhido, o posto é movediço. É preciso desenhá-lo.

E o lugar privilegiado deste desenho é a *interlocução*, entendida como espaço de produção de linguagem e de constituição de sujeitos. Antes de qualquer outro componente, a linguagem (Osakabe, 1988) fulcra-se como evento, faz-se na linha do tempo e só tem consistência enquanto "real" na singularidade do momento em que se enuncia. A relação com a singularidade é da natureza do processo constitutivo da linguagem e dos sujeitos de discurso. Evidentemente, os acontecimentos discursivos, precários, singulares e densos de suas próprias condições de produção fazem-se no tempo e constroem história. Estruturas lingüísticas que inevitavelmente se reiteram também se alteram, a cada passo, em sua consistência significativa. Passado no presente, que se faz passado: trabalho de constituição de sujeitos e de linguagem.

Focalizar a linguagem a partir do processo interlocutivo e com este olhar pensar o processo educacional exige instaurá-lo sobre a singularidade dos sujeitos em contínua constituição e sobre a precariedade da própria temporalidade, que o específico do momento implica. Trata-se de erigir como inspiração a disponibilidade para a mudança. Focalizar a interação verbal como o lugar da produção da linguagem e dos sujeitos que, neste processo, se constituem pela linguagem significa admitir:

a) que a *língua* (no sentido sociolingüístico do termo) não está de antemão pronta, dada como um sistema de que o sujeito se apropria para usá-la segundo suas necessidades específicas do momento de interação, mas que o próprio processo interlocutivo, na atividade de linguagem, a cada vez a (re)constrói;

b) que os *sujeitos* se constituem como tais à medida que interagem com os outros, sua consciência e seu conhecimento de mundo resultam como "produto" deste mesmo processo. Neste sentido, o sujeito é social já que a linguagem não é o trabalho de um artesão, mas trabalho social e histórico seu e dos outros e é para os outros e com os outros que ela se constitui. Também não há um sujeito dado, pronto, que entra na interação, mas um sujeito se completando e se construindo nas suas falas;

c) que as *interações* não se dão fora de um contexto social e histórico mais amplo; na verdade, elas se tornam possíveis enquanto acontecimentos singulares, no interior e nos limites de uma determinada formação social, sofrendo as interferências, os controles e as seleções impostas por esta. Também não são, em relação a estas condições, inocentes. São produtivas e históricas e como tais, acontecendo no interior e nos limites do social, constroem por sua vez limites novos.

Posta a questão nestes termos, a densidade, a precariedade e a singularidade do acontecimento interlocutivo recebem um estatuto diferente daquele de mero acidente de uso da expressão verbal. É no acontecimento que se localizarão as fontes fundamentais produtoras da linguagem, dos sujeitos e do próprio universo discursivo. Aponta-se, desta forma, para três eixos que merecem explicitação: a historicidade da linguagem, o sujeito e suas atividades lingüísticas e o contexto social das interações verbais.

Creio que este deslocamento faz ver o ensino e as atividades interlocutivas efetivas em sala de aula de forma diferenciada. De modo geral, as falas em aula são tomadas como "meio", como atividades instrumentais de acesso e apropriação de um conhecimento que se erige como tema ou assunto destas falas. Ou seja, o diálogo (exposição do professor ou trabalho entre professor e alunos) normalmente topicaliza um certo tema. Este é considerado como o que se tem a aprender. Fala-se sobre ele; lê-se sobre ele. Nestas interlocuções afloram informações e conformações do tema. Crê-se que foi aprendido quando, com correção conceitual, sobre ele se fala, sobre ele se produz. Há no entanto outra aprendizagem implícita que se dá precisamente no processo que conduziu esta aprendizagem: porque os temas destas interlocuções são constituídos como "conteúdos de ensino" prontos, acabados, aos quais cabe ao aprendiz "aceder"; porque a interlocução de sala de aula se caracteriza mais como "aferição" de incorporação do que já estava pronto, acabado; porque os sujeitos envolvidos se sujeitam às compreensões do mundo que se lhes oferecem na escola, o que se aprende propriamente é que tudo na ciência está pronto (mi[s]tificação do conhecimento), que resta apreendê-lo e que, se não se apreende, o déficit não é das explicações científicas, mas do sujeito que explica ou do sujeito que apreende.

Nos contrapontos entre a construção dos objetos científicos e a construção dos conteúdos de ensino; entre as identidades social e historicamente construídas do professor e as especificidades do trabalho com textos; entre um ensino como reconhecimento e um ensino como conhecimento e produção, o deslocamento que uma concepção interacionista da linguagem produz pode contribuir para a construção de outras alternativas, sem que isto signifique o abandono de conhecimentos historicamente produzidos em troca do senso comum de interpretações momentâneas.

Para explicitar esta concepção de linguagem, retomo, como esboços de um desenho, os três eixos que ela obriga a considerar.

1.2. A historicidade da linguagem[2]

Nascidos num universo de discurso, que se expõe através de recursos expressivos[3], a percepção primeira e ingênua que fazemos destes recursos é que para tudo o que se tem a dizer há uma expressão adequada, pronta e disponível: com ela vamos representando o mundo e as ações que nele praticamos. Quando nos faltam palavras, é nosso desconhecimento destas o responsável pelos torneios expressivos que fazemos para dizer o que queremos dizer. A não compreensão de nosso interlocutor não é vista como uma negociação de sentidos das expressões que utilizamos, mas como pobreza de recursos expressivos do próprio locutor ou de sua contraface, o interlocutor. Se dermos, no entanto, aos processos de negociação de sentidos, aos mal-entendidos, às retificações, às correções auto e hetero-iniciadas, etc. um outro estatuto, veremos que o falar depende não só de um saber prévio de recursos expressivos disponíveis mas de operações de construção de sentidos destas expressões no próprio momento da interlocução.

Para Túlio de Mauro

> em realidade as formas lingüísticas não têm qualquer capacidade semântica intrínseca: elas são instrumentos, expedientes, mais ou menos ingênuos, sem vida e sem valor fora das mãos dos homens, das comunidades históricas que as utilizam... *o erro está na afirmação e na crença de que as palavras e as frases significam qualquer coisa*: só os homens, ao contrário, significam, por meio de frases e palavras.
> (Mauro, 1966: 28 — grifos meus)

Não se creia que uma proposta que toma o ato significador como seu objeto expresse que este ato seja totalmente não regulado, não ordenado, como se qualquer expressão pudesse significar qualquer coisa. Fora assim, sequer os processos de negociação de sentidos seriam possíveis.

Admitir uma indeterminação absoluta da linguagem seria trocar uma ilusão por outra: a ilusão da uniformidade pela ilusão da multiplicidade indeterminada. Numa posição estaríamos negando o presente; na outra estaríamos negando o passado. Uma e outra negam os fatos. Uma e outra são negadas pelos fatos.

Construir sentidos no processo interlocutivo demanda o uso de recursos expressivos: estes têm situacionalmente a garantia de sua semanticidade; e têm esta garantia precisamente por serem recursos expressivos que levam inevitavelmente o outro a um processo de compreensão, e este processo depende também das expressões usadas e não só de supostas intenções que o interlocutor atribua ao locutor. Na expressão de Wittgenstein

> O sentido da frase pode deixar em aberto isto ou aquilo, mas a frase deve ter *um* determinado sentido. Um sentido indeterminado não seria propriamente sentido *nenhum*.
>
> (Wittgenstein, 1975: 56 — § 99)

Se falar fosse simplesmente apropriar-se de um sistema de expressões pronto, entendendo-se a língua como um código disponível, não haveria construção de sentidos (e por isso seriam desnecessários fenômenos lingüísticos empiricamente tão constantes como a paráfrase, as retomadas, as delimitações de sentido, etc.); se a cada fala construíssemos um sistema de expressões, não haveria história. Por isso, aceitar a vagueza dos recursos expressivos usados não quer dizer que não exista sentido nenhum.

A noção de indeterminação que se assume aqui é a assunção radical de que os recursos expressivos usados nos processos interativos são, em si sós, insuficientes para a identificação tanto dos objetos referidos (realidade factual do mundo) quanto dos sistemas de referências[4] que se presentificam em cada interlocução. Como

> Não há nada imanente na linguagem, salvo sua força criadora e constitutiva, embora certos "cortes" metodológicos e restrições possam mostrar um quadro estável e constituído. Não há nada universal, salvo o processo — a forma, a estrutura dessa atividade. A linguagem, pois, não é um dado ou resultado; mas um trabalho que dá forma ao conteúdo de nossas experiências, trabalho de construção, de retificação do "vivido" que ao mesmo tempo constitui o sistema simbólico mediante o qual se opera sobre a realidade e constitui a realidade como um sistema de referências em que aquele se torna significativo.
>
> (Franchi, 1977: 22)

é a dinâmica do *trabalho lingüístico*, que não é nem um eterno recomeçar nem um eterno repetir, que é relevante: por ele a linguagem se constitui marcada pela história deste fazer contínuo que a está sempre constituindo. Individualmente, nos processos interacionais de que participamos, *trabalhamos* na construção dos sentidos "aqui e agora", e para isso temos como "material" para este trabalho a *língua* que "resultou" dos trabalhos anteriores. Nossas operações de construção de textos ou discursos operam com tais recursos lingüísticos, e com outros recursos da situação, e seu retorno em cada acontecimento discursivo não se dá sem as marcas de suas presenças em acontecimentos anteriores. É porque o retorno é visto como o retorno do mesmo, que a primeira percepção ingênua que se tem da língua é de um sistema estruturado, fechado, cuja aprendizagem se daria por uma espécie de "apropriação" do sistema; é porque em cada discurso as expressões adquirem sentidos diferentes que outra percepção ingênua toma os recursos expressivos como "sem qualquer sentido", este sendo apenas o produto de um discurso que, acontecendo, apaga-se[5].

O trabalho lingüístico, ininterrupto, está sempre a produzir "uma sistematização aberta", conseqüência do equilíbrio entre duas exigências opostas: uma tendência à diferenciação, observável a cada uso da expressão, e uma tendência à repetição, pelo retorno das mesmas expressões com os mesmos significados presentes em situações anteriores. Esquematicamente, poderíamos representar este *movimento* pela figura abaixo:

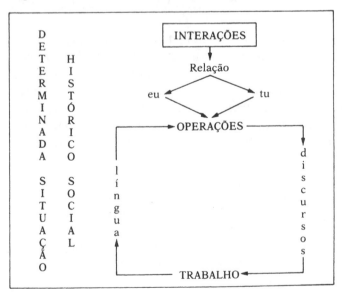

Algumas explicitações evidentemente necessárias:

a) a *situação histórico-social* é o espaço no qual se dão as interações entre os sujeitos. Elas não se dão "metafisicamente", sem constrições. Como veremos em 1.4., ao tratarmos dos contextos interacionais, as sociedades organizam e controlam, numa rede de sistemas, as interações possíveis;

b) toda *interação* é uma relação entre um eu e um tu, relação intersubjetiva em que se tematizam representações das realidades factuais ou não;

c) a relação interlocutiva se concretiza no trabalho conjunto, compartilhado, dos seus sujeitos, através de *operações* com as quais se determina, nos discursos, a semanticidade dos recursos expressivos utilizados;

d) os *discursos* produzidos são necessariamente significativos, pois "só se pode conceber sua existência enquanto ligada a um processo pelo qual eu e tu se aproximam pelo significado" (Osakabe, 1979: 21);

e) o *trabalho* social e histórico de produção de discursos produz continuamente a *língua* enquanto sistematização aberta, o que permite, por seu turno, o movimento contínuo de produção de discursos, embora não seja a língua condição suficiente para que estes ocorram.

Retomando a citação de Franchi, a língua enquanto sistema simbólico torna-se significativa por remeter a um sistema de referências, produzido nas relações interativas que, por seu turno, situam-se numa determinada formação social e são por esta marcadas. Daí compreender a linguagem como trabalho constitutivo dos sistemas de referências e dos sujeitos cujas consciências se formam precisamente pelo conjunto de categorias que vão incorporando, enquanto signos, nos processos interlocutivos de que participam.

> Optando-se pelo conceito de constituição, quer-se ressaltar que as línguas são resultados do trabalho dos falantes. Se foi o trabalho de todos os que falaram uma língua que a levou a um determinado estágio, seria incongruente imaginar que, neste estágio, os falantes não trabalham mais, apenas se apropriam do produto. Por outro lado, como nem todos os que trabalham por uma língua são iguais, é de se esperar que o produto apresente irregularidades, desigualdades, traços, enfim, da trajetória de cada um dos elementos constituidores de uma língua. Produzir um discurso é continuar agindo com essa língua não só em relação a um interlocutor, mas também sobre a própria língua.
>
> (Possenti, 1988a: 57)

Como o trabalho lingüístico é contínuo, realizado por diferentes sujeitos, em diferentes momentos históricos, em diferentes formações sociais, dentro das quais diferentes sistemas de referência se cruzam (e se digladiam), a língua que se vai constituindo mantém-se porque se modifica. É neste sentido que a semântica de uma língua é relativamente indeterminada[6].

> Admitir a indeterminação não significa, no entanto, invocar a impossibilidade de dizer-se o que se quer com precisão. A este respeito são esclarecedoras as palavras de Quine (1959)[7]:
>
> > A vaguidade não é incompatível com a precisão. Como observou Richards, um pintor limitado a uma palheta reduzida pode conseguir, diluindo e

combinando suas cores, representações mais precisas que as de um laborioso autor de mosaicos, com sua limitada variedade de peças precisas, e a acumulação hábil de vaguidade tem análogas vantagens em comparação com a conjunção de termos técnicos precisos (p. 139).

É que os falantes trabalham continuamente a relação entre a língua e os mais diversos sistemas de referência existentes, aumentando a potencialidade significativa dos recursos expressivos, ao mesmo tempo, se necessário, estes também são ampliados ou modificados. (Possenti, 1988a: 69)

Com "historicidade da linguagem" pretendo recuperar este movimento constitutivo da linguagem, movimento que se dá na história pelo trabalho de sujeitos. As *operações* discursivas, trabalho dos sujeitos falantes, são mais ou menos reguladas, dependendo do tipo de operação. Algumas seguem estritamente regras; outras seguem uma regularidade; outras são próprias de uma interação específica[8].

1.3. O sujeito e suas ações lingüísticas

A historicidade da linguagem afasta, ao mesmo tempo, dois mitos: aquele da univocidade absoluta, identificável com o sonho da transparência, e aquele da indeterminação absoluta em que não seria possível atribuir qualquer significação a uma expressão fora de seu contexto. Entre os dois extremos está o trabalho dos sujeitos como atividade constitutiva.

Elegendo o trabalho dos sujeitos como fio condutor da reflexão, pretende-se afastar também qualquer interpretação que tome o sujeito como a fonte dos sentidos. Entre o tudo (produtor único dos sentidos) e o nada (assujeitamento completo a uma estrutura sem frinchas), há uma prática cotidiana em que os sujeitos não podem ser concebidos como "autômatos sintáticos", "monstros da gramática" e também — e no mesmo sentido — não podem ser concebidos como meros porta-vozes da hegemonia discursiva de seu tempo.

Para aprofundar um pouco mais este movimento, consideremos a realização deste trabalho em dois níveis que, evidentemente, se entrecruzam: aquele da produção histórica e social de *sistemas de referência* em relação aos quais os recursos expressivos se tornam significativos e aquele das *operações discursivas* que, remetendo aos sistemas de referência, permitem a intercompreensão nos processos interlocutivos apesar da vagueza dos recursos expressivos utilizados. Nestas operações pode se dizer que há ações que os sujeitos fazem *com* a linguagem e ações que fazem *sobre* a linguagem; no agenciamento de recursos expressivos e na produção de sistemas de referências pode-se dizer que há uma ação *da* linguagem.

Obviamente, estes três tipos de ações se entrecruzam e se concretizam nos recursos expressivos que, materialmente, os revelam. Considero que a linguagem permite tais ações em função de uma de suas características essenciais: a *reflexividade*, isto é, o poder de remeter a si mesma. Com a linguagem não só representamos o real e produzimos sentidos, mas representamos a própria linguagem, o que permite compreender que não se domina uma língua pela incorporação de um conjunto de itens lexicais (o vocabulário); pela aprendizagem de um conjunto de regras de estruturação de enunciados (gramática); pela apreensão de um conjunto de máximas ou princípios de como participar de uma conversação ou de como construir um texto bem montado sobre determinado tema, identificados seus interlocutores possíveis e estabelecidos os objetivos visados, como partes pertinentes para se obter a compreensão.

A aprendizagem da linguagem é já um ato de reflexão sobre a linguagem: as ações lingüísticas que praticamos nas interações em que nos envolvemos demandam esta reflexão, pois *compreender* a fala do outro e *fazer-se compreender* pelo outro tem a forma do diálogo: quando compreendemos o outro, fazemos corresponder à sua palavra uma série de palavras nossas; quando nos fazemos compreender pelos outros, sabemos que às nossas palavras eles fazem corresponder uma série de palavras suas (Bakhtin, 1977)[9].

Como as interações de que participamos são não reiteráveis, as enunciações que nelas ocorrem têm um sentido definido e único enquanto propriedade de cada enunciação como um todo. É o que Bakhtin chama de *tema*:

> O tema da enunciação é na verdade, assim como a própria enunciação, individual e não reiterável. Ele se apresenta como a expressão de uma situação histórica concreta que deu origem à enunciação. (...) é concreto, tão concreto como o instante histórico ao qual ela pertence. Somente a enunciação tomada em toda a sua am-

plitude concreta, como fenômeno histórico, possui tema.

(Bakhtin, 1977: 128-129)

Ora, se a compreensão do tema demanda uma contrapalavra (de conflito ou de acordo), para que esta contrapalavra não signifique uma ruptura na produção conjunta de sentidos, ela deve orientar-se em relação à palavra do locutor. Obter esta "orientação", visível nos processos de negociações de sentido explícitos, invisível nos processos mentais dos sujeitos envolvidos, implicitados pela própria continuidade e progressão da interlocução, é conseqüência de um trabalho de reflexão sobre as expressões lingüísticas utilizadas. Isto significa admitir que nas ações lingüísticas há já ações de reflexão sobre a linguagem. E não poderia deixar de ser assim, ou a linguagem não seria o que é. Se entendermos a linguagem como mero código, e a compreensão como decodificação mecânica, a reflexão pode ser dispensada; se a entendermos como uma sistematização aberta de recursos expressivos cuja concretude significativa se dá na singularidade dos acontecimentos interativos, a compreensão já não é mera decodificação e a reflexão sobre os próprios recursos utilizados é uma constante em cada processo[10].

É em Bakhtin mesmo que podemos encontrar uma explicação para a orientação da contrapalavra do interlocutor à palavra do locutor (e vice-versa): o fato de que todo o tema se apóia sobre uma certa estabilidade da significação dos recursos expressivos. Esta estabilidade, traço de união entre interlocutores, se fundaria na historicidade de sua presença em interações anteriores, com os sentidos que lhes foram sendo atribuídos, como se pode deduzir da seguinte passagem:

> A multiplicidade das significações é o índice que faz de uma palavra uma palavra. Em relação à palavra onis-significante de que falava Marr, podemos dizer o seguinte: tal palavra não tem praticamente significado: é um *tema puro*. Sua significação é inseparável da situação concreta em que se realiza. Sua significação é diferente a cada vez de acordo com a situação. Dessa maneira, o tema absorve, dissolve em si a significação, não lhe deixando a possibilidade de estabilizar-se e consolidar-se. Mas, à medida que a linguagem se desenvolveu, que o seu estoque de complexos sonoros aumentou, as significações começaram a estabilizar-se segundo as linhas que eram básicas e mais freqüentes na vida da comunidade para a utilização temática dessa ou daquela palavra.
>
> (Bakhtin, 1977: 130)

No processo de compreensão ativa e responsiva, a presença da fala do outro deflagra uma espécie de "inevitabilidade de busca de sentido": esta busca, por seu turno, deflagra que quem compreende se oriente para a enunciação do outro. Como esta se constrói tanto com elementos da situação quanto com recursos expressivos, a adequada compreensão destes resulta de um trabalho de reflexão que associa os elementos da situação, os recursos utilizados pelo locutor e os recursos utilizados pelo interlocutor para estabelecer a correlação entre os dois primeiros. Novamente, na imagem de Bakhtin, a significação "é como uma faísca elétrica que só se produz quando há contato dos dois pólos opostos".

Assim entendidas a produção e a compreensão, podemos recuperar uma distinção que nos vai ser útil para compreender as ações que se fazem com a linguagem, as ações que se fazem sobre a linguagem e as ações da linguagem. Trata-se da distinção entre atividades lingüísticas, epilingüísticas e metalingüísticas. Todas elas ocorrem em qualquer tipo de ações (com a linguagem, sobre a linguagem e da linguagem), mas representam níveis distintos de reflexões.

a) *As atividades lingüísticas* são aquelas que, praticadas nos processos interacionais, referem ao assunto em pauta, "vão de si", permitindo a progressão do assunto. As reflexões que aqui se fazem, tanto no agenciamento dos recursos expressivos pelo locutor quanto na sua compreensão pelo interlocutor, não demandam interromper a progressão do assunto de que se está tratando. Como vimos, elas demandam, na compreensão responsiva, um certo tipo de reflexão que se poderia dizer quase "automática", sem suspensão das determinações do sentido que se pretendem construir na intercompreensão dos sujeitos. Exemplifiquemos, com um caso particular, esta atividade lingüística geral. Os exemplos escolhidos mostram o trabalho de determinação do *tema* através de recursos expressivos cada vez mais específicos. Retiro-os de um estudo sobre a paráfrase.

Hilgert (1989), tratando da paráfrase como procedimento de constituição do diálogo, analisa várias ocorrências parafrásticas que me parecem exemplificar mais a tentativa de ir determinando o sentido, na progressão da conversação, do que retornos ou retomadas das expressões usadas. Tomo dois destes exemplos[11].

Exemplo 1

```
                L1 — então se dizia lá que ele ... ah::
                     na hora em que ia para o ar O
                     Bem Amado ... ele se trancava
                     no:: gabinete dele... e dizia que
                     ele tinha despachos urgentes ...
                     e ficava lá trancado ...
  ⎛m1              Então eu pensava (...)
  ⎝p1              então eu dizia "mas é uma coi-
                     sa estranha...
  ⎛m2              neste Brasil inteiro
  ⎝p2              neste país continente
  ⎛m3              neste exato momento ...
  ⎝p3/m4           naquela hora (...)
     ⎝p4           dez da noite
  ⎛m5              o :: as criaturas mais diversas
  ⎝p5              as faixas sociais mais diversas
                     ... estão
  ⎛m6              presas a esse enredo
  ⎝p6              essa história que se processa ...
                        (Hilgert, 1989: 215)
```

Exemplo 2

```
                L2 — então eu estava explicando ...
                     que para cada cem engenheiros
   ⎛M                que são pedidos ... é pedido UM
   ⎜                 advogado ...
   ⎜
   ⎜Pm              quer dizer a desproporção é
   ⎜                 incrível...
   ⎝qr¹²            é incrível mesmo ...
                        (Hilgert, 1989: 225)
```

As paráfrases apontadas são autoparáfrases auto-iniciadas (as mais freqüentes nos diálogos analisados pelo autor, p. 429) e em relação à matriz seriam extensivas, com a função explicitadora.

Se pensarmos do ponto de vista dos objetivos procurados pelo locutor, estas paráfrases me parecem ter uma função de, ao explicitarem suas matrizes, dar maior "força" ao que se diz na matriz, e por isso são dela uma continuidade e não uma mera retomada. No exemplo 1, especialmente as relações entre m2/p2, m3/p3, m5/p5, não me parecem resultado de uma reflexão do locutor que se antecipa à possibilidade de o enunciatário o compreender mal ou nem mesmo o compreender. São ações lingüísticas que vão construindo a argumentação que comprova a estranheza de alguém se trancar no gabinete (para fazer o que *todos* faziam naquele momento). Note-se a diferença da seqüência sem as "paráfrases":

Exemplo 1'
então eu pensava (...) neste Brasil inteiro neste exato momento as criaturas mais diversas estão presas a esse enredo

No exemplo 2, a "paráfrase" apontada por Hilgert me parece um *comentário* a propósito de sua matriz. A quase-repetição torna-a um comentário do comentário, dando-lhe também maior força argumentativa, inclusive pela presença do "mesmo".

Não se trata de discutir aqui se tais emergências são semanticamente parafrásticas. Minha pretensão é chamar a atenção para o fato de que estas paráfrases, se tais, não suspendem a progressão do tratamento do assunto pelo locutor, em função de uma atividade epilingüística típica, em que se tomam as próprias expressões utilizadas como assunto do enunciado que se lhes segue. Neste sentido, ao contrário de outras paráfrases, estas (talvez com exceção da relação entre m6/p6, do primeiro exemplo, em que é estranho não haver qualquer marca prosódica assinalada a separar matriz/paráfrase) relevam muito mais da atividade lingüística que se está processando do que de uma "parada" destas atividades para refletir sobre elas próprias e os recursos nelas empregados.

b) *As atividades epilingüísticas* são aquelas que, também presentes nos processos interacionais, e neles detectáveis, resultam de uma reflexão que toma os próprios recursos expressivos como seu objeto.

Para A. Culioli, atividades metalingüísticas não conscientes acompanham necessariamente toda atividade lingüística e aparecem por conseguinte ao mesmo tempo que a própria linguagem. Ele reserva para estas atividades inconscientes o termo "epilingüístico". Mais tarde, em torno de 4/5 anos, nota-se que as crianças fazem mais que perceber as relações que os signos da língua mantêm com as coisas; elas se interessam também pelo que se passa no interior do sistema (comportamentos lúdicos quando sós, jogos com as sonoridades, tentativas diversas com as palavras...) e se dão conta dos dados presentes nas trocas com os outros (capacidade de dizer a mesma coisa de modo diferente em função do interlocutor, das circunstâncias, do objetivo a atingir). Por conseguinte, as práticas verbais como a paráfrase ou a metáfora se constituem em instrumentos indispensáveis de apropriação do real.

(Legrand-Gelber, 1989:19)

A distinção entre atividades epilingüísticas e metalingüísticas com base numa distinção entre operação não consciente e operação consciente, como aponta a autora citada acima, é bastante problemática. Acrescentaria que ela é problemática mesmo para distinguir atividades lingüísticas das outras atividades, já que tanto falar quanto compreender envolvem intencionalidade. A questão é saber se se pode falar inconscientemente sobre a linguagem. Pergunta Legrand-Gelber:

> A criança produz com a idade de dois anos autocorreções. Isto significa que já tem a possibilidade de raciocinar conscientemente sobre os aspectos sintáticos da linguagem?
>
> (p. 20)

Poderíamos caracterizar as atividades epilingüísticas como atividades que, independentemente da consciência ou não, tomando as próprias expressões usadas por objeto, suspendem o tratamento do tema a que se dedicam os interlocutores para refletir sobre os recursos expressivos que estão usando[13]. Seriam operações que se manifestariam nas negociações de sentido, em hesitações, em autocorreções, reelaborações, rasuras, pausas longas, repetições, antecipações, lapsos, etc.[14] e que estão sempre presentes nas atividades verbais, e que têm sido estudadas tanto nos processos de aquisição da linguagem quanto nos processos de reconstrução da linguagem pelo sujeito afásico (ver De Lemos, 1982; Coudry, 1988; Coudry e Morato, 1988).

Estas atividades incidem ora sobre aspectos "estruturais" da língua (como nas reformulações e correções auto e heteroiniciadas), ora sobre aspectos mais discursivos como o desenrolar dos processos interativos (por exemplo, numa conversação com mais de três sujeitos, A diz a B *Por que você não fala?* ou quando o locutor demanda de seu interlocutor que tome seu turno em esquemas interacionais do tipo pergunta/resposta, quando este parece não querer responder), ora sobre aspectos mais amplos da própria interação, incidindo sobre sua própria organização (por exemplo, quando se suspende o tratamento de um tema num debate para fixar o término do próprio encontro).

c) *Atividades metalingüísticas* são aquelas que tomam a linguagem como objeto não mais enquanto reflexão vinculada ao próprio processo interativo, mas conscientemente constroem uma metalinguagem sistemática com a qual falam sobre a língua. Trata-se, aqui, de atividades de conhecimento que analisam a linguagem com a construção de conceitos, classificações, etc. Enquanto tais, elas remetem a construções de especialistas e, em conseqüência, à formação cultural dos sujeitos. Dependendo do nível de escolaridade dos sujeitos intervenientes num processo interativo, é possível detectar nele a presença de certos conceitos gramaticais e portanto uma atividade metalingüística, cuja pertinência, em cada ocasião, é definir parâmetros mais ou menos estáveis para decidir sobre questões como erro/acerto no uso, pronúncia, etc. de expressões; na construção de sentenças ou na significação dos recursos lingüísticos utilizados.

Mais do que qualquer coisa, estes três tipos de atividades estão a mostrar que a reflexão sobre a linguagem não é ocupação exclusiva de especialistas. Isto pode ser uma conseqüência do fato de a linguagem integrar a estrutura dos processos cognitivos e, por isso, agir como meio de regular e mediar a atividade psíquica humana (cf. Coudry e Morato, 1988). Estes três tipos de atividades estão presentes nos três tipos de ações lingüísticas praticadas pelos sujeitos enquanto operações que permitem a produção de discursos com sentidos determinados usando recursos expressivos em si insuficientes para tanto[15]. Tratando-se da produção de discursos, nas ações que se fazem com a linguagem se presentificam ações *sobre* a linguagem e ações *da* linguagem. A distinção em três tipos de ações não é, portanto, uma distinção classificatória de fenômenos lingüísticos, mas uma distinção na abordagem de fenômenos concomitantes.

1.3.1. A propósito das ações que se fazem com a linguagem

Como as ações lingüísticas se dão na relação entre um *eu* e um *tu*, a interação verbal funciona, nas imagens recorrentes de Wittgenstein, como um jogo. Isto demanda considerar que

> a racionalidade do jogador implica que ele se coloque no lugar do outro e examine cada situação de seu ponto de vista: fazendo isto, vê que o outro faz o mesmo em relação a ele próprio; daí um jogo de espelhos, uma especularidade potencialmente infinita: é o reino do imaginário, mimesis, identificação, conflito. De outro lado, a teoria dos jogos mostra que se se deixarem

interagir numa estrutura dada indivíduos supostamente livres e racionais, um mundo de leis necessárias resultará disto, tudo se passando como se nossos indivíduos livres estivessem de fato submetidos à lei do *Outro*: é o domínio do simbólico.

(Dupuy, 1988:12)

E neste jogo há objetivos a atingir: os parceiros que nele se constituem agem, a cada jogada, um sobre o outro. No jogo, pode haver ingenuidade mas não há espaço para a inocência, precisamente porque os discursos aproximam os sujeitos pelo significado e este significado remete a um sistema de referências. Se, por um lado, é no interior destes sistemas de referências que os recursos expressivos se tornam significativos, por outro lado, no embate das relações interlocutivas, a construção dos modos de ver o mundo não é sempre harmônica. Ainda que os interlocutores possam compartilhar algumas de suas crenças, sempre se está reorganizando, pelos discursos, as representações que se fazem do mundo dos objetos, de suas relações e das relações dos homens com o mundo e entre si.

Em conseqüência, as ações praticadas com a linguagem são, a cada passo, "ditadas" pelos objetivos pretendidos, o que pode levar um locutor a representar de modo distinto uma mesma realidade em função dos interlocutores a que dirige suas falas ou em função da ação que sobre eles pretende realizar. Dado que a fala se realiza entre os homens, as ações que com ela praticamos incidem sempre *sobre o outro*, pois através delas representamos, e apresentamos a nossos interlocutores uma certa construção da realidade, para com isso interferirmos sobre seus julgamentos, opiniões, preferências.

Enquanto a coerção (física ou simbólica) incide diretamente sobre as ações dos sujeitos, determinando-as ou proibindo-as, independentemente do grau de "convencimento" ou "persuasão" dos agentes a propósito das vantagens ou desvantagens de agir (ou deixar de agir) de uma determinada forma, as ações lingüísticas sobre o outro incidem sobre as motivações para agir. Como estas motivações podem ser de diferentes ordens e resultam dos diferentes modos de como cada sujeito se põe diante do mundo, alterar tais motivações demanda construir, pelo discurso e para o interlocutor, novas motivações que alterem as anteriores ou que as reforcem, já que a adesão dos sujeitos a suas crenças e a suas representações do mundo é sempre de intensidade variável.

Já vimos que no espaço da interlocução constituem-se os sujeitos e a linguagem. Como os sujeitos não são cristalizações imutáveis, os processos interlocutivos estão sempre a modificá-los ao modificar o conjunto de informações que cada um dispõe a propósito dos objetos e dos fatos do mundo; ao modificar as crenças pela incorporação de novas categorias e, até mesmo, ao modificar a linguagem com que falamos e representamos o mundo e as relações dos homens neste mundo.

Os estudos das ações que se fazem com a linguagem, respondendo a diferentes interesses de pesquisa, têm em comum o fato de ressaltarem que *através destas ações alteram-se as relações entre os sujeitos envolvidos no processo*: os estudos sobre a argumentação, especialmente aqueles vinculados à Retórica, têm ressaltado as formas pelas quais os sujeitos, argumentando, tornam o possível necessário; o permitido, obrigatório; o inaceitável, aceitável. Os estudos sobre os atos de fala têm ressaltado tanto as condições prévias necessárias à prática de cada ato em particular quanto a mudança que a prática de cada ato produz nas relações entre os interlocutores e suas conseqüências nos atos que se seguem. Diversas operações discursivas são realizadas pelos falantes, na construção de seus discursos, para atingir os propósitos que motivam suas falas. Como retornarei a estas operações, exemplifico aqui as ações que se fazem com a linguagem, ressaltando a relação entre os interlocutores.

Exemplo 3

Em um boletim estudantil, o Diretório Central de Estudantes convida os alunos para debater a deterioração dos serviços oferecidos pela universidade. São apresentadas como evidências desta deterioração as "tradicionais filas" para o ônibus e para o restaurante. Tais problemas são classificados como "freqüentes" e "nítidos". No último parágrafo do boletim, que antecede a frase que convida para a reunião, com informações sobre o local e horário da reunião, lê-se:

Como se isso não bastasse, fala-se em reservar o restaurante velho para o pessoal do

Hospital das Clínicas, pois o próprio restaurante do hospital não pode ser concluído pela falta de verbas. Isso aumentaria ainda mais as filas para o almoço.

Independentemente de qualquer análise mais profunda, importa ressaltar que:

a) há um objetivo explícito para a "fala" do DCE: trazer o maior número possível de estudantes para uma reunião;

b) a própria proposta de uma reunião se funda na crença na força da mobilização estudantil para modificar a situação;

c) fato conhecido de todos é o argumento para mostrar que há uma deterioração nos serviços prestados: a existência de filas para o almoço e para o ônibus;

d) é precisamente o que se toma como *possibilidade* (fala-se em reservar o restaurante velho...) o melhor argumento do DCE para provocar a mobilização: há ainda tempo para impedir a decisão que, se tomada, "aumentaria ainda mais as filas para o almoço";

e) o DCE não afirma que haverá a reserva do restaurante velho para o pessoal do Hospital das Clínicas (fala-se), o que lhe permitiria incluir outros elementos na discussão sobre a deterioração dos serviços prestados.

Como se modificaram as relações entre DCE e estudantes a partir da distribuição do boletim? De um lado, a entidade se mostra atenta ao que vem acontecendo e chama a atenção dos estudantes para a possibilidade de piorar a situação. Não pode, pois, ser acusada de omissa; de outro lado, os estudantes são informados sobre uma possível decisão que os prejudicaria e convidados a reagir, junto com o DCE, contra esta decisão: não poderão alegar desconhecimento da informação, embora possam não participar da mobilização proposta.

Exemplo 4

49% APROVAM ATIVIDADES ESPORTIVAS DE COLLOR

Quase metade dos eleitores — exatos 49% — aprova as demonstrações esportivas e as experiências do presidente Fernando Collor, 40, em aviões supersônicos, motos e submarinos. É alto, também, o índice dos que não aprovam essas demonstrações e experiências — 37%. O presidente encontra os maiores índices de desaprovação entre os eleitores com nível superior de escolaridade (51%) e entre os que moram em Porto Alegre — RS (48%). É em Belém, no Pará, que os atos do presidente recebem mais apoio — 61%. Esse é o resultado da primeira pesquisa feita pelo Data*Folha* para aferir a repercussão, entre os eleitores, das atividades do presidente.

(*Folha de S. Paulo*, 15-5-90)

A referência à pesquisa de opinião, com a exatidão dos percentuais, parece isentar o texto de qualquer tomada de posição do locutor (no caso, a redação do jornal): trata-se aparentemente de fornecer as informações, de forma "neutra", no que tange à particularidade da disjunção entre aprovar/desaprovar as demonstrações presidenciais. Mas é evidente que esta suposta neutralidade é produtiva na relação entre interlocutores (os leitores) e locutores (o jornal):

a) a exatidão dos números, baseados em pesquisa, constrói para o leitor a imagem de um jornalismo sério, imparcial: informa os resultados;

b) os dados relativos a duas capitais, de estados distantes, reforçam a confiança na pesquisa;

c) a inclusão do percentual de desaprovação, predicado como alto, e a referência à desaprovação entre os eleitores com nível superior de escolaridade reforçam a imparcialidade do jornal.

São características que, somando-se uma à outra, vão produzindo no interlocutor o efeito desejado: a imagem de seriedade jornalística e a imagem de imparcialidade. Trata-se de informar o leitor, nada mais.

No entanto, esta aparente "inocência" informativa pode ser posta sob suspeita:

a) porque a existência da própria pesquisa sobre o tema se inclui no universo de discurso de *marketing* utilizado pela Presidência da República, ressaltando a figura do presidente: nenhum texto é lido sem que o leitor, no processo de compreensão, o inclua num universo discursivo mais amplo. E aqui a *Folha* atende a todas as possibilidades, passando inclusive uma imagem de "oposição" por causa da informação de desaprovação entre os eleitores de nível superior;

b) o jornal, neste contexto, consciente ou inconscientemente, desliza do pedestal de sua suposta neutralidade: note-se que um índice de 49% não é apresentado como *menos da metade dos eleitores*, mas como *quase metade dos eleitores*. Uma e outra forma de construir a realidade fazem a diferença.

Estes dois exemplos, que poderiam ser multiplicados, são suficientes para mostrar que os fatos, os dados do mundo, trazidos para o discurso, nele exercem mais do que uma simples função informativa: eles são agenciados pelo locutor em função de seus objetivos e esta ação os transforma em dois sentidos: de um lado porque são apresentados como uma construção específica do real, de outro lado porque se transformam, no discurso, em argumentos a favor do ponto de vista que o locutor pretende defender. Como vimos com Bakhtin, a consciência dos sujeitos forma-se neste universo de discurso e é deles que cada um extrai, em função das interlocuções de que vai participando, um amplo sistema de referências no qual, interpretando os recursos expressivos, constrói sua compreensão do mundo.

No âmbito mais restrito do estudo dos enunciados, a teoria dos atos de fala vem mostrando que cada enunciado corresponde a um ato de fala. Na terminologia de Searle, estes atos de fala são as unidades mínimas de sentido. Para Osakabe (1979), discutir atos de fala a partir de uma perspectiva discursiva não é uma apropriação e ajustamento de uma proposta teórica num domínio que lhe é estranho:

> Austin, que inaugurou a tradição desse tipo de preocupação e que primeiro viu a linguagem segundo um quadro hipotético de atos de linguagem, pensou-os fundamentalmente dentro não do enunciado virtual ou da frase isolada, mas fundamentalmente dentro de um quadro empírico mais amplo e mais concreto: "o ato de discurso integral, na situação integral de discurso, é, no final das contas, o único fenômeno que procuramos elucidar de fato".
>
> (Osakabe, 1979: 50)

É ainda o mesmo autor que afirma, no interior da distinção entre atos locucionários, ilocucionários e perlocucionários, que "do ponto de vista do discurso, os atos perlocucionários têm uma importância capital" (p. 52). Evidentemente, nenhum falante agencia recursos lingüísticos, organiza-os morfossintaticamente e os pronuncia (ato locucionário) sem realizar, ao mesmo tempo, um ato ilocucionário. Também não se praticam tais atos sem qualquer motivação. Como se sabe, na teoria dos atos de fala, as locuções e as ilocuções seriam convencionais, enquanto que as perlocuções (efeitos pretendidos com a prática dos atos ilocucionários) seriam não convencionais. Ainda que não convencionais, concordo com Osakabe que os efeitos buscados são determinantes, num discurso, para a seleção e organização dos atos ilocutórios que nele se praticam[16].

Está longe dos objetivos deste trabalho uma discussão aprofundada da teoria dos atos de fala. Eles nos interessam, no entanto, enquanto *operações discursivas* dos sujeitos, em dois aspectos diferentes: o trabalho de determinação discursiva da força ilocutória e a mudança da relação entre os interlocutores resultante da prática dos atos da fala.

Aceitando uma indeterminação relativa dos recursos expressivos, não se pode considerar que a força ilocucionária que definiria cada ato praticado seria *convencionalmente* expressa por um e só um recurso expressivo. Se, no entanto, nos discursos estes atos são determinados, a pergunta que fica é *como se dá essa determinação*. Uma das tendências mais simplistas é deixar tudo por conta do co-texto (entendido como os elementos verbais que precedem ou sucedem as expressões que estão sendo compreendidas) e do contexto (entendido como os aspectos situacionais dentro dos quais a interação se processa). A indeterminação relativa da linguagem e sua determinação discursiva funcionam aproximadamente como a ambigüidade do sagrado:

> Toda força, em estado latente, provoca ao mesmo tempo o desejo e o temor, suscita no fiel o medo que ela venha em sua derrota; a esperança que ela venha em seu socorro. Mas cada vez que ela se manifesta é num único sentido: como fonte de bênçãos ou como foco de maldições. Virtual, ela é ambígua; passando a ato, ela se torna unívoca. Qualquer hesitação não é, a partir de então, permitida.
> (Roger Caillois, apud Grésillon, 1988: 3)

Mobilizado o desejo de intercompreensão, um princípio de racionalidade exige que os interlocutores admitam que

> os signos e enunciados têm um sentido: a troca produz e tem sentido; ela não é regida pela "loucura", pelo "non-sens" (...). Os atores sociais podem ter interesses divergentes, um quadro de referências diferente; eles devem também — salvo se quiserem romper o diálogo — levar em conta a intervenção do outro, evitar o mal-entendido, rejeitá-lo.
> (Gambier, 1988: 45-46)

Como as expressões orientam as interpretações, embora se possa admitir que a força ilocucionária dos atos praticados nem sempre venha marcada com o mesmo recurso (ou, o que vem a dar na mesma, um mesmo recurso expressivo pode orientar no sentido de atribuir diferentes forças ilocucionárias a um enunciado), não é qualquer força que se pode atribuir a qualquer enunciado: ela depende crucialmente dos recursos expressivos usados; a racionalidade dos processos interacionais exige que se dê aos recursos expressivos usados um papel crucial.

Tomemos alguns exemplos.

Exemplo 5

a) Tu podes abrir a porta?

que, tendo a força ilocucionária jussiva, pode tanto servir para realizar uma pergunta quanto pode servir para fazer um pedido. Em situações concretas, um ou outro ato estará sendo praticado. Mas com a enunciação deste enunciado não se pode praticar um ato de fala qualquer. Se especificarmos de forma diferente o sintagma nominal *a porta* a ambigüidade pode desaparecer por completo:

b) Tu podes abrir a porta da igreja?

dirigida por um leigo a um sacristão, numa conversa de bar, é uma *pergunta* sobre as funções específicas atribuíveis a um sacristão. Dirigida ao mesmo sacristão, por seu superior, volta a ambigüidade, mas a interpretação primitiva de pergunta (e não de pedido) só pode ser recuperada construindo-se contextos "mirabolantes". Aqui, é a interpretação derivada que se impõe. Modificando-se um pouco mais

c) Tu podes abrir uma porta de 100 kg?

seria agora preciso construir um contexto "mirabolante" para que a interpretação derivada de pedido fosse aquela visada pelo locutor.

Exemplo 6

a) Tu tens minha permissão para se retirar.
b) Tenho sua permissão para me retirar?

são pedidos. Dificilmente alguém diria a) a outrem simplesmente para informá-lo de que pode se retirar, tanto que numa seqüência dialógica como

a') Loc1 — Tu tens minha permissão para se retirar.
Loc2 — Eu não a pedi (*ou* eu não perguntei)

a fala de Loc2 seria interpretada como recusa a se retirar, pondo em questão o quadro dentro do qual falou o Loc1, ou poderia ser interpretada como "eu me retiraria de qualquer modo", que também põe em questão o mesmo quadro. Tomando-se b) em diálogo semelhante b') Loc1 — Tenho sua permissão para me retirar?

Loc2 — Não (ou sim)

as diferentes respostas de Loc2 seriam interpretadas ou como proibição ou como autorização para o Loc1 se retirar. Novamente, seria preciso construir contextos "mirabolantes" para que o *sim/não* do Loc2 fosse entendido como mera resposta a uma pergunta.

Exemplo 7

a) Eu prometo ir a sua casa.
b) Eu prometo ir a sua casa e acabo não indo.

a) pode ser interpretada tanto como promessa quanto como ameaça, dependendo das relações existentes entre os interlocutores e dos objetivos da interação. b) no entanto, só admite a interpretação de uma afirmação sobre ações reiteradas do locutor, jamais como promessa. Para recuperar o sentido de promessa (enquanto resultado da enunciação global), seria necessário uma nova promessa expressa, neste co-texto, normalmente sem a presença do verbo prometer:

b') Eu prometo ir a sua casa e acabo não indo. Desta vez eu vou.

Exemplo 8

a) A ordem será mantida, custe o que custar.

b) A ordem seria mantida, custasse o que custasse.

a) pode ser interpretada tanto como promessa quanto como ameaça, mas dificilmente se poderia atribuir a sua enunciação a força de afirmação; ao contrário, b) não é nem promessa, nem ameaça, mas uma afirmação sobre o dito de outrem, em um tempo anterior ao da enunciação.

Exemplo 9

a) Nós da *Folha de S. Paulo* já registramos aqui os perigos de tal ação.
b) A comunidade acadêmica rejeita a intervenção do governador.

O que chama a atenção nestes exemplos é que eles concretizam atos performativos através dos quais o locutor se constitui e se afirma na fala como: membro da *Folha de S. Paulo*, em a) pelo uso de *nós*; como porta-voz de uma comunidade em b).

Os exemplos poderiam multiplicar-se. São suficientes no entanto para os objetivos pretendidos: a) mostrar que, apesar das vaguezas dos recursos expressivos utilizados, eles são sempre uma indicação fundamental para a compreensão a se fazer; b) mostrar que quando falamos praticamos ações e estas refletem ou alteram as relações entre o *eu* e o *tu* envolvidos nos processos interacionais, quer porque criam novos compromissos entre os sujeitos, quer porque praticar um determinado ato é implicar que as condições para agir de tal modo estão satisfeitas.

Note-se que, em cada um dos exemplos utilizados, os recursos expressivos agenciados para determinar o ato ilocutório praticado foram diferentes: uso de especificações de um sintagma nominal[17] (*a porta/a porta da igreja/uma porta de 100 kg*); o jogo no uso de pronomes pessoais[18]; a continuidade do discurso[19]; alteração do tempo e modos verbais[20]; o uso de locuções cuja referência é um grupo de pessoas[21]. Estes dados nos mostram que a operação de determinação, aqui no que tange aos atos ilocucionários praticados, não depende apenas da situação em que se dá a enunciação, mas da correlação entre os recursos expressivos usados e a situação de enunciação: aqueles é que levam a procurar nesta elementos pertinentes para a produção do sentido.

É este movimento entre estabilidade e transitoriedade que importa ressaltar. Qualquer que fosse o aspecto escolhido para a análise dos recursos expressivos presentes nas ações que se fazem com a linguagem (atos de fala, construção das referências à realidade factual, etc.), chegaríamos à conclusão expressa por Franchi:

> Se já não é verdade que a interpretação decorra exclusivamente da decodificação das expressões pelo seu léxico e pela sua sintaxe, também não é verdade que as palavras flutuam por aí a procurar o seu contexto. E se as expressões são, por força de sua forma de construção, indeterminadas em muitos sentidos, nem por isso deixam de orientar a interpretação, de modo muito preciso, para uma certa "regionalidade".
>
> (Franchi, 1986: 31)

No que concerne às relações entre os interlocutores, mesmo atos de fala específicos como a pergunta, a afirmação ou a ordem (para citar os mais "clássicos") alteram tais relações. Se considerarmos o discurso global como um "macroato", os efeitos desejados (os atos perlocucionários na terminologia da teoria de atos de fala) é que definiriam cada ato praticado pelo locutor no interior de seu discurso, o somatório dos fins visados em cada um deles definindo e sendo definido pelo objetivo mais amplo do discurso como um todo.

1.3.2. A propósito das ações que se fazem sobre a linguagem

A distinção que pretendo estabelecer entre ações que se fazem com a linguagem e ações que se fazem sobre a linguagem não se funda sobre critérios rígidos. A intuição é que dirige a exposição que faço. Explicito, em conseqüência, algumas destas intuições antes de tomar exemplos para a análise.

a) Ambas as ações são, para mim, *trabalho*. No que tange à construção de discursos, num processo interativo, repito, este trabalho se faz por operações que tomam recursos expressivos insuficientes para a determinação de *um* sentido e tentam produzir este sentido, usando recursos expressivos e ao mesmo tempo contando com fatores extralingüísticos para que a compreensão se produza, produzindo *um sentido*. Este *um sentido* pode ser precisamente a construção do duplo sentido, da ambigüidade buscada (como em textos poéticos, por exemplo). Nenhum problema se o sentido visado pelo locutor não for o mesmo sentido construído pelo interlocutor. Trata-se sempre de *um sentido*;

b) Enquanto ações, ambas têm presente os sujeitos interlocutores. Aqui se põe, para mim, uma primeira distinção. As ações com a linguagem visam a clarear, o quanto possível, o tipo de ato que se está praticando, isto porque diferentes atos respondem a diferentes condições e produzem diferentes compromissos entre os interlocutores: uma afirmação, que cria compromissos de verdade para o locutor, age sobre o outro no sentido de que pode alterar as representações que faz do mundo e, por isso, pode querer do locutor as provas de veracidade de sua afirmação. As ações sobre a linguagem, ainda que tenham presente o interlocutor, tomam como seu objeto os próprios recursos lingüísticos e obviamente também visam ao interlocutor e à produção de sentidos. O campo privilegiado, mas não único, das ações sobre a linguagem são os recursos expressivos para os quais a atenção do outro é chamada. O uso de certo recurso expressivo poderia implicar o agenciamento de contrapalavras usualmente invocadas no processo de compreensão de tal recurso expressivo: a ação sobre ele pode tanto enfatizar uma ou outra destas contrapalavras, como pode desviar o interlocutor das contrapalavras mais freqüentemente invocadas, em benefício de outras raramente invocadas;

c) A ação sobre a linguagem, enquanto trabalho individual na produção de discursos determinados ou em discursos correntes dentro de um determinado grupo de pessoas, opera entre o estabilizado historicamente e o novo deste discurso. Na linha da história dos usos de recursos específicos, a ação sobre a linguagem é o lugar da produção de uma certa "novidade". Esta novidade poderá apagar-se no discurso em curso, no grupo, ou poderá espalhar-se de modo tal que o novo se torna o estabilizado em discursos subseqüentes. Neste sentido, a ação *sobre* a linguagem é produtora de novas determinações relativas da língua. Aqui, reencontramos o cruzamento entre as duas ações: é claro que a ação com a linguagem também produz determinações, mas de fato mais localizadas no discurso que se está produzindo, enquanto que nas ações sobre a linguagem o novo, quando incidindo sobre os próprios recursos expressivos tomados como *tema*, pode se tornar, digamos assim, "o sentido hegemônico" num momento histórico posterior, para um determinado grupo de falantes ou para os falantes da língua em geral;

d) A ação sobre a linguagem é responsável por deslocamentos no sistema de referências, pela construção de novas formas de representação do mundo (note-se a importância das metáforas, dos raciocínios analógicos, das comparações, etc.) e pela construção de sentidos novos mesmo para recursos gramaticalizados, atribuindo-lhes sentidos que, embora externos à gramática, são fundamentais enquanto "efeitos de sentido" no discurso. Para exemplificar, considere-se a questão da ordem dos elementos de um sintagma: do ponto de vista informativo, as seqüências *eu e você* e *você e eu* são sinônimas e poderiam uma substituir a outra nos enunciados proferidos. No entanto, uma "regra não gramatical" (no sentido estrito de gramática) impõe restrições: como a ordem revela pontos de vista do locutor diante de seu interlocutor, face ao conteúdo do que se diz, a ordem dos elementos do sintagma não é livre, como mostram os enunciados abaixo:

a) *Eu e você* somos os responsáveis pelo insucesso deste trabalho.

b) *Você e eu* somos os responsáveis pelo sucesso deste trabalho.

Explicitada a distinção intuitiva que orienta a exposição, tomo alguns exemplos, limitando-os às ações sobre a linguagem que incidem sobre os recursos expressivos, que me parecem poder justificar a distinção.

Exemplo 10

Gente, se o nosso Gigante Pela Própria Natureza, vulgo Cláudia Raia, crescer mais um pouco ela acaba virando espanador de planetário. É só ela ficar em pé que a abóbada celeste fica brilhando, brilhando.

(1.º parágrafo da crônica "Cláudia Raia vira espanador de planetário", de José Simão, *Folha de S. Paulo*, 7-4-90.)

A linguagem do texto é posta a trabalhar através de alguns deslocamentos: o emprego de *Gente*, na posição (função) de vocativo, dirigindo-se ao leitor através de uma expressão típica da oralidade, é responsável pelo primeiro estranhamento. Além disso, a mesma expressão remete, pela intertextualidade, às falas da personagem que Cláudia Raia representava, na época, em telenovela da Globo — Adriana, personagem de *Rainha da Sucata*, estava sempre dizendo "gente" a torto e a direito. Segue-se o uso de *Gigante Pela Própria Natureza*, expressão que, citando o Hino Nacional, o traz para o texto. Mas o verso é usado aqui como um nome próprio, e não como um predicado, função que cumpre no texto original. Enquanto nome próprio, porém, é absolutamente insuficiente para que o leitor identifique sua referência, o que acontecerá apenas quando aparece o nome próprio real da pessoa de que se fala, mas este é introduzido pela expressão *vulgo*. A partir deste momento, o que era predicado no texto original e que estava aqui como nome próprio deixa de ser nome, apesar do artigo *o*, e é reinterpretado como predicado atribuível a Cláudia Raia. Antes do nome próprio real, a expressão *vulgo*, empregada normalmente para introduzir não o nome próprio mas o apelido, é responsável por um novo movimento interpretativo (outro trabalho feito com a linguagem e, ao mesmo tempo, sobre ela): o nome próprio diz menos do que a expressão definida usada, *o nosso Gigante Pela Própria Natureza*. Note-se o uso de maiúsculas, que neste contexto só seriam usáveis, segundo regras ortográficas, para nomes próprios. O predicado *crescer mais um pouco*[22], unido ao agora predicado *gigante pela própria natureza* remetem ao tamanho da personagem. Mesmo quem não conheça Cláudia Raia (o que é quase uma impossibilidade na perspectiva do locutor de nosso exemplo, já que ela é atriz de uma rede de TV gigante pela audiência de todos), passa a incluí-la entre as "pessoas altas". A recuperação anafórica com *ela* é interessante na medida em que toma como referente não o sujeito sintático de crescer (*o nosso Gigante...*), mas Cláudia Raia, expressão que sintaticamente está no texto como um sintagma intercalado, o que se marca inclusive pelo uso de vírgulas[23].

Segue-se o emprego metafórico de *espanador* (que poderia remeter, a partir da identificação de espanador como objeto do mundo com certas qualidades, aos penteados de Cláudia Raia, embora esta possa ser uma leitura não desejada, mas apenas possível). Ainda do ponto de vista do uso pouco convencional de recursos expressivos, a repetição *brilhando, brilhando* é uma forma de intensificador (e portanto uma modalização) do predicado. Há mais: a associação *brilhando, brilhando, abóbada celeste* e *planetário*, que remetem a *estrela* que remete a *atriz* que remete, predicando, a Cláudia Raia.

Em que sentido há no exemplo uma ação sobre a linguagem? O agenciamento dos recursos expressivos, todos eles usados para predicar "tamanho/altura", veio de lugares diferentes e por isso cerca de tal modo a compreensão (conduz de tal modo as estratégias de interpretação) que seria impossível não inferir que se está falando da altura de Cláudia Raia, ironizando esta altura excessiva.

Dascal e Weizmann (1985) mostram que a interpretação de um adjetivo como *alto*, por conter semanticamente uma "noção de relatividade", demanda situar a altura em relação a uma altura média, que em pessoas normais poderia estar em torno de 1,70 m, mas que entre jogadores de basquete estaria em torno de 1,90 m. No nosso exemplo, o próprio autor dá os parâmetros de comparação com outros objetos que permitem a leitura de que Cláudia Raia é alta não apenas em relação às pessoas normais, mas ainda mais alta do que algo que já consideraríamos bastante alto em relação a este parâmetro. De um ponto de vista um pouco mais restrito, no sentido gramatical, o exemplo traz três "novidades": presença de oralidade na escrita, concordância de anafórico não com a expressão referidora mas diretamente com o referente e a repetição da expressão como forma de significar intensificação.

Exemplo 11

Na linha da história dos usos de recursos específicos, a ação sobre a linguagem é o lugar da produção de uma certa 'novidade'.

O uso de aspas, simples ou duplas, em situações como estas, ao mesmo tempo que chama a atenção para a própria expressão (pondo-a em relevo)[24], produz uma mudança no sentido em que esta expressão normalmente é usada, acrescentando-lhe um novo sentido (que poderá ou não vir a ser "incorporado" em discursos posteriores). O interlocutor (leitor, em textos escritos) para compreender uma expressão assim aspeada deverá não só agenciar sentidos usuais mas deslocar tais sentidos. Para Kye-Seop Cheong

> as aspas respondem à necessidade inelutável de criar novos valores face ao real sem cessar em movimento, para o qual o vocabulário não tem senão um número finito de termos e que é difícil de exprimir de outro modo que não um modo mediado.
>
> ... "a" não é, para nós, senão uma expressão apoiada sobre a realidade da coisa; "a" é função de um lado de *a* e de outro lado da situação de enunciação. De sorte que "a" está ao mesmo tempo na língua e fora da língua: o que está em jogo é uma coisa diferente de *a*, mas através e pelo viés de *a*. É por isso que somos tentados a ver aí uma categoria lingüística específica que propomos chamar de "deifórica", combinando os dois termos *dêixis* e *anáfora*. Os dois fatores não são justapostos, mas combinados por uma operação em virtude da qual um novo valor se constitui.
>
> (Cheong, 1988: 75-76, 72)

Em seu estudo[25], o autor mostra que a construção destes novos valores através do uso de aspas pode se dar:

— *por alteração parcial do sentido*

a) Nós temos um fenômeno de pequena edição, pequena entre aspas porque ela toma cada vez mais maior importância. (Não verdadeiramente *a*.)

b) O leão na janela fazia esforços "sobrehumanos" para fugir. (Por assim dizer.)

c) Como "sede social" os mendigos escolheram uma antiga garagem. (Usa-se a expressão, embora inadequada para o caso.)

— *por polarização negativa* (em que o novo sentido não é apenas *não-a*, mas sobretudo *menos-a*; o novo valor não é sempre dado de uma vez por todas, mas é construído como mostram os exemplos b) e c).

a) Há um estranho laxismo relativo aos pretendidos "diplomatas" — autênticos terroristas que fazem da França a sede do terrorismo na Europa.
b) Ele não grita, ele "vocifera".
c) — Ele come muito?
— Não, ele "devora".

— *por acúmulo de sentidos* (em que ocorre uma composição numa dupla determinação: ao mesmo tempo *a* e *não-a)*

a) Deste ponto de vista o "desinteresse" dos dirigentes israelitas pelos massacres que os magistrados denunciam tem todos os aspectos de um "desinteresse".

Como se pode notar pelos exemplos de Cheong, com o uso de aspas os enunciadores participam da criação de novos valores: ao mesmo tempo que tornam ambígua a própria expressão usada, determinam-lhe sentidos subjetivos, próprios da interlocução em curso. Embora não se tenha pesquisa sobre o assunto, é possível que estes novos sentidos passem, eventualmente, com o tempo, a ser sentidos usuais de tais expressões. Fenômeno semelhante, mas de outra ordem, pode ser chamado aqui para mostrar a existência deste movimento: a criação de neologismos (por empréstimo ou não). Expressões como *colloriu*, *tancredou*, comuns na linguagem jornalística, podem ser invocadas. É interessante notar que *tancredar*, antes das eleições indiretas que o levaram à Presidência da República, significava apoio político a Tancredo Neves; depois do episódio da doença e morte de Tancredo Neves, a expressão se "especializou" no meio médico, significando, aproximadamente, que houve complicações médicas, afetando a possibilidade de sobrevivência de um paciente[26].

Exemplo 12[27]

O prefeito Jânio Quadros divulgou um comunicado para esclarecer que "não pediu nem pede qualquer contribuição" à sua eventual candidatura à Presidência da República.

A única dúvida: caso as receba sem pedi-las, aceitá-las-á?

Para compreender todo o trabalho lingüístico do autor da nota, é preciso considerar que a expressão *aceitá-las-á* não remete apenas a uma referência no mundo, mas também à incorporação no dizer da própria forma de dizer que caracterizou Jânio Quadros enquanto locutor com preferências para construções com mesóclises:

O final deste texto (...) produz um efeito humorístico, decorrente de um tipo de conhecimento metalingüístico específico (Dascal e Weizmann, 1985), qual seja, o de que o citado político se notabilizou, entre outras coisas, por um certo estilo arcaizante de linguagem, cujas marcas mais evidentes são as ênclises e as mesóclises. (Uma análise alternativa desta passagem do texto poderia ser realizada através do conceito de polifonia (Ducrot, 1984): o autor da nota escreve como escreveria o personagem de quem está falando. O interessante deste dado é que não há propriamente incorporação de partes do sentido (o que o outro disse ou diria), mas da forma: *como* o outro diria.)

(Possenti, 1988b: 17)

1.3.3. A propósito das ações da linguagem

Como já vimos, não só a linguagem se constitui pelo trabalho dos sujeitos; também estes se constituem pelo trabalho lingüístico, participando de processos interacionais. E neste constituir-se dos sujeitos há uma ação da própria linguagem, que pode ser focalizada sob dois ângulos (no mínimo): um das constrições mais estritamente lingüísticas, em que a própria "sistematização aberta" da língua interfere nas formas de construção de raciocínios lógico-lingüísticos[28], outro relativamente aos sistemas de referências historicamente constituídos, dentro dos quais o sistema lingüístico se torna significativo: nascemos num mundo de discursos preexistentes e os sistemas de referências que eles revelam são incorporados pelo falante, constituindo, na expressão de Bakhtin, o material concreto da consciência dos sujeitos.

A propósito do primeiro aspecto, tomemos três fenômenos para nossos comentários:

1) As "análises morfológicas" que se revelam na construção de novos itens lexicais, que obedecem a formas estabilizadas no "sistema" da lín-

51

gua, de que são exemplos típicos expressões hoje correntes (ainda que, dependendo do autor, possam ser ridicularizadas) como o plano Collor é imexível, *tancredar* (e toda a sua conjugação dentro do paradigma verbal do português), *bionicidade* do mandato, etc. Também esta "análise" aparece em dados da aquisição da linguagem ou em variedade lingüística não padrão: *fazi, di, cabeu*, etc.

2) A partir da afirmação de Franchi (1986: 30) de que nossos modos de operar simbolicamente são restringidos pelo próprio material concreto e físico (as articulações sonoras, os elementos discretos, a linearidade e a ordem com que operamos), Whitaker-Franchi (1989) retoma dados do processo de aquisição de estruturas causativas, mostrando usos de itens verbais ergativos como causativos e de itens causativos como ergativos, cujos exemplos[29] transcrevo:

a) Quem saiu este esmalte do dedo? (sair/tirar)

b) Olha, tirou o meu imalte. (tirar/sair)

Enquanto os verbos causativos têm como seus argumentos temáticos fundamentais um *causador* e um *evento causado*, os verbos ergativos têm apenas um argumento, *o objeto direto*. Um princípio geral da gramática

se um verbo não atribui função temática à posição do sujeito, então não atribui caso ao objeto direto,

aliado a outros princípios, leva ao movimento do objeto para a posição de sujeito (pp. 15-16). A regra levaria a enunciados como:

c) Quem tirou o meu esmalte?

d) O esmalte do meu dedo saiu.

A criança no entanto produz os enunciados a) e b). Evidentemente, não se pode atribuir tais ocorrências a sua aquisição nas interações com adultos (que não usam tais estruturas). Elas devem resultar, portanto, de uma análise que faz a criança das próprias estruturas sintáticas dos enunciados que ouve e que produz nos processos interacionais. São, para mim, estas possíveis análises que, enquanto atividades epilingüísticas, se poderiam classificar como ações da linguagem que impõem ao raciocínio desenvolvido as possibilidades estruturais da própria língua, e a emergência dos "desvios" resultam das restrições que as diferentes estruturas impõem.

3) O terceiro exemplo parte dos trabalhos de pesquisa de Eunice Pontes, Charlotte Galves e outros, que têm mostrado que no português falado do Brasil convivem estruturas de ordem do tipo sujeito/predicado e tópico/comentário. Estas últimas são as mais freqüentes na oralidade, e são a razão por que os alunos separam sujeito e predicado com vírgulas, fenômeno para o qual o professor deve estar atento, como observa Franchi:

> Os professores têm a mania de apagar as vírgulas que os alunos põem entre o sujeito e o predicado, porque sujeito e predicado formam uma unidade que se chama frase e não se pode pôr vírgula. Ora, sabemos que no português falado no Brasil o sujeito não exerce a função mais forte. Parece que a língua falada brasileira se orienta mais para a formação de uma oração com base em tópico e comentário do que com base em sujeito e predicado. Há um problema em se ajustar a análise lin-

güística real dos fatos lingüísticos que estão ocorrendo na fala do português do Brasil com sintomas que aparecem na escrita que já não correspondem mais a tais fatos lingüísticos.

(Franchi, 1989: 188)

Em que sentido o uso "errôneo" da vírgula entre sujeito e predicado está apontando para uma ação da linguagem? Penso que, se a ação sobre a linguagem vem modificando o padrão de construção de frases (de sujeito/predicado para tópico/comentário), este padrão se impõe (ou no mínimo interfere) no modo como os falantes vão quase-estruturando suas experiências através da linguagem[30]. O tópico sobre que se fala é a fonte do comentário. O rearranjo da construção frasal, na oralidade, revela esta forma de raciocínio dos sujeitos (e que não é a única, já que coexiste a estrutura sujeito/predicado).

Não é meu objetivo aprofundar a análise de tais tipos de fenômenos. Cada um deles, em si, mereceria um estudo em separado. Trago-os para o interior deste trabalho apenas para tentar mostrar que a própria linguagem, enquanto sistematização aberta, histórica e socialmente produzida, impõe, por seu turno, ela própria uma realidade, restrições aos tipos de ações que com ela podemos fazer ou que sobre ela podemos fazer[31].

Consideremos agora a questão a partir do segundo ângulo: aquele da construção de sistemas de referências (ou de universos discursivos, expressões aqui usadas como sinônimas). Para Pêcheux (1982), pode-se distinguir dois universos discursivos: um logicamente estabilizado, correspondendo aos espaços das ciências matemáticas, das ciências da natureza, das tecnologias industriais e biomédicas, etc. e outro não estabilizado logicamente, próprio dos espaços sócio-históricos, dos rituais ideológicos, dos discursos filosóficos, dos enunciados políticos, da expressão cultural e estética, etc. Para o autor, a construção histórica dos universos discursivos do primeiro tipo "não teria sido possível se não apoiada em algumas propriedades das línguas naturais, autorizando operações de esquematização, dicotomização, cálculo lógico, etc." Em sua construção, no entanto, qualquer ambigüidade comportaria riscos "mortais" e daí a construção de metalinguagens para a representação não-ambígua do conjunto de "estado de coisas" possível.

Ao contrário, no universo discursivo não estabilizado logicamente, convivem ambigüidades, equívocos, contradições. O uso das línguas naturais remete, nos processos interacionais, precisamente a este universo: é em seu espaço que as expressões se tornam significativas. Universo construído a muitas mãos, num longo processo de tempo, em práticas diferenciadas e concretamente dadas, condensa-se na linguagem que, contando sua própria história, conta a história desta construção.

A construção deste "modo de ver o mundo" e portanto de representá-lo para nós mesmos é atravessada por confrontos que se dão na existência histórica. Assim, numa sociedade de classes, a desigualdade de relações leva à formulação de universos discursivos diferenciados, antes de mais nada pela segregação que uma classe impõe, através dos mais diversos mecanismos, pela articulação e retomada dos produtos herdados do passado na produção do universo discursivo do presente. Estes universos, é óbvio, não são totalmente independentes: há circulação entre eles. Caso não houvesse esta circulação, a própria dominação se tornaria menos eficaz.

Nenhuma ingenuidade: a defesa dos processos interacionais como lugares de constituição destes universos discursivos não quer dizer a existência, nas situações materiais concretas de uma dada formação social, de uma harmonia, de uma simetria, de uma igualdade.

É no contexto destas construções que se produzem as ideologias, enquanto elaborações sistemáticas das experiências, das necessidades, das aspirações, selecionando, hierarquizando, estruturando seus componentes. Neste confronto, para usar uma expressão corrente, as classes dominantes articulam os elementos, enquanto que as classes dominadas, em função da apropriação dos meios de produção por aquelas, atomizam e fragmentam seus "modos de ver o mundo" e de representá-lo, sem que se lhes permitam totalizações que levariam à reapropriação, reelaboração e projeção de seus desejos[32].

Encontramos aqui talvez a mais visível forma da ação da linguagem sobre os sujeitos: suas consciências se constituem e operam, conforme Bakhtin, através do material sígnico que "adquirem" nos espaços das interações que a própria formação social lhes permite (como veremos em

1.4., os contextos sociais mais amplos em que se dão as interações são restritores de produções de sentidos).

Não se pode crer, no entanto, que uma vez estabelecidos estes universos eles se "eternizam", estabilizam-se sem possibilidades de novas construções. Mais uma vez reencontramos o *movimento* que se pode detectar no que Bakhtin chama de realidade fundamental da língua: a interação verbal. Angenot e Robin (1987), tratando do discurso social, observam que

> No momento em que constatamos que algo oscilou, mudou, nós remontamos o passado e procuramos o que havia de divergente, de marginal, de dissidente, de aberrante num estágio anterior à hegemonia. Nós encontramos enunciados que não tínhamos, na época, levado a sério, emitidos de lugares tão periféricos que não faziam ruído aos outros discursos. Procedemos, então, de modo retroativo, partindo do mais recente, da constatação da mudança ocorrida até os traços dos antidiscursos, dos discursos dissidentes que, na seqüência, puderam tornar-se importantes. (...) tornaram-se importantes, centrais, mas unicamente porque a relação de forças sociais, os grupos que os suportam, permitem a oscilação. Jamais em outras condições.
> (Angenot e Robin, 1987: X)

Na perspectiva que vimos expondo, as ações da linguagem, quer em sentido estrito de interferência nas próprias possibilidades de percepção e de raciocínio lingüístico-discursivo, quer em sentido mais amplo de constituição de um modo de ver o mundo (na construção de sistemas de referências), limitam e estabilizam formas de raciocínio e formas de compreensão do mundo. Por seu turno, as ações com a linguagem e as ações sobre a linguagem vão produzindo as possibilidades de ultrapassagem destes limites, de modo que se repete aqui a oscilação entre a estabilidade e a mudança. Em ambas, o trabalho lingüístico que constrói uma e outra: as possibilidades de raciocínios lógico-lingüísticos e os sistemas de referências. E, obviamente, não só o trabalho lingüístico.

1.4. Contexto social das interações verbais

Na metodologia bakhtiniana, a investigação sobre a linguagem deveria se dar na seguinte ordem:

> 1. As formas e os tipos de interação verbal em ligação com as condições concretas em que se realiza.
> 2. As formas das distintas enunciações, dos atos de fala isolados, em ligação estreita com a interação de que constituem os elementos, isto é, as categorias de atos de fala na vida e na criação ideológica que se prestam a uma determinação pela interação verbal.
> 3. A partir daí, exame das formas da língua na sua interpretação lingüística habitual.
> (Bakhtin, 1977: 24)

Invertendo a ordem proposta na metodologia bakhtiniana, desenvolvi até agora uma exposição que toma a linguagem como ponto de partida; as ações dos sujeitos enquanto trabalho de produção de determinações de sentidos em discursos. Considero, a partir daqui, o contexto das interações verbais onde o trabalho constitutivo se dá.

A consideração do contexto como pertinente aos estudos lingüísticos vem sendo posta em relevo por estudos de diferentes correntes. Parret (1988) classifica diferentes pragmáticas a partir da forma como cada uma tem tomado a situação contextual como fundamental para estudar os significados: as correntes que têm chamado a atenção para o co-texto, desenvolvendo técnicas de análise de unidades mais amplas do que a frase; as correntes que têm tomado o contexto referencial (o mundo dos sujeitos, estados de coisas e acontecimentos), desenvolvendo uma "pragmática indicial" que permite precisão de análise das referências das expressões lingüísticas aos objetos do mundo (real ou possível, nas lógicas dos "mundos possíveis"); as correntes que têm tomado a situação enquanto "cenário" institucional em que as conversações se dão, considerando os fatores deste cenário que são relevantes para a compreensão dos enunciados e desenvolvendo conjuntos cada vez mais amplos de regras e de rotinas específicas a propósito do processo conversacional; as correntes que têm tomado como fundamentais os atos lingüísticos praticados, desenvolvendo um estudo das condições para a prática de cada ato de fala e suas regras reguladoras e constitutivas (no sentido de Searle, 1969); as correntes que têm tomado os aspectos psicológicos como fundamentais no desenvolvimento de seus estudos: intenções, crenças, desejos que, reconhecidos nas ocorrências lingüísticas, podem contribuir e contribuem na construção dos sentidos produzidos nas interações.

Se os estudos das formas lingüísticas, tais como desenvolvidos pelas análises que não ultrapassam o nível da frase, atendem ao item três da proposta bakhtiniana, os estudos pragmáticos, de um modo geral, vêm desenvolvendo com uma profundidade de detalhes cada vez maior — penso por exemplo nos estudos dos etnometodólogos — as determinações das situações mais imediatas na construção e compreensão de sentidos. Grande parte dos estudos sobre discurso, especialmente em sua versão francesa, tem estudado o contexto mais amplo, do social e do ideológico, para detectar suas influências na linguagem. Não creio que todos estes estudos sejam incompatíveis: cada um deles faz um recorte distinto, se dá um objeto distinto de estudos. Estamos longe de obter uma síntese e não penso que a solução seja um ecletismo que desconsidere os diferentes postos de observação eleitos por estes diferentes estudos. Apenas estou tentando apontar que não se pode ficar restrito a um dos itens da proposta bakhtiniana, sob pena de produzirmos uma análise do discurso sem discurso, uma análise lingüística sem língua, e assim por diante[33].

É no interior desta preocupação que se devem ler as considerações que se seguem. Não sei se as questões do contexto mais amplo devem ser incorporadas ao objeto da lingüística, ou se outras ciências devem fornecer estes elementos. Eles provêm muito mais das reflexões desenvolvidas fora da lingüística (filosofia, sociologia, antropologia ou ciências sociais) e como tais penso que estão bem situadas lá: mas não podem deixar de ser consideradas aqui por duas razões:

a) porque as interações verbais não se dão fora do social mais amplo;

b) porque o ensino da língua, nosso objeto de preocupação mais imediato, não está infenso às interferências do sistema escolar e este do sistema social.

A linguagem não passa ilesa por a) e b). Segundo a suposição de Foucault

> em toda a sociedade, a produção do discurso é, ao mesmo tempo, controlada, selecionada, organizada e redistribuída por um certo número de procedimentos que têm por objetivo conjurar-lhe os poderes e os perigos, dominar-lhe os acontecimentos aleatórios, esquivar-lhe o peso, a temível materialidade.
>
> (Foucault, 1971: 1)

Estes procedimentos, para o autor, se classificam em

a) procedimentos de exclusão;

b) procedimentos de classificação, ordenação e distribuição;

c) procedimentos de rarefação dos sujeitos falantes.

que, funcionando todos como uma rede, estabelecem limites aos discursos possíveis, e, portanto, às interações verbais possíveis, onde os discursos são produzidos. O controle dos discursos se dá pelo controle de suas possibilidades de surgimento. Quanto maior for o controle sobre o encontro dos sujeitos (interações), maior o controle dos discursos e, por esta via, o controle da produção de sentidos[34].

a) Os mecanismos externos de controle

O mais evidente mecanismo de controle é a *proibição*: sabe-se que não se pode falar tudo nem de tudo em qualquer circunstância não importa a quem. Daí a proibição incidir ora sobre o próprio assunto (tabu do objeto), ora sobre a circunstância de fala (ritual), ora sobre os sujeitos envolvidos (há sujeitos privilegiados para falar sobre tal assunto em determinada circunstância).

O segundo mecanismo de controle externo é a distinção entre a razão e a loucura: mais sutil, esta distinção faz do discurso do "não-normal" um discurso que inexiste. A distinção não proíbe: faz como se o discurso não existisse. Evidentemente, nossa escuta de tais discursos "não-racionais" é paradoxal: ao mesmo tempo que os consideramos como não existentes, damos-lhes uma força sobrenatural como se a voz que os proferisse tivesse um poder sobrenatural. Pense-se, por exemplo, nas escutas que se fazem quando benzedeiras, cartomantes, etc. são consultadas. Em certo sentido, nos momentos de crise de saúde, os sujeitos parecem mais sensíveis a escutar como verdades o que não escutariam como tal em outras circunstâncias: toma-se o remédio indicado pelo médico (receituário "racional"), mas toma-se também o chá indicado pelos vizinhos, pelos amigos, pela curandeira (mal não há de fazer).

O terceiro mecanismo é a oposição do verdadeiro e do falso. A vontade de verdade, a verdade de uma determinada época, apóia-se num conjunto denso de práticas que envolvem toda a circulação de textos e de falas. Como não há a verdade, mas se está numa verdade, as exclusões dos discursos "falsos" são definidas historicamente. Lembre-se, por exemplo, num passado não muito recente, a queima de livros, a inquisição, dita santa, etc.

b) Os mecanismos internos de controle

Trata-se de um conjunto de controles que se exercem do interior dos próprios discursos, um controlando outro. O mais evidente deles é o comentário que, incidindo sobre outro texto, é por este controlado. Ao mesmo tempo, porém, se o comentário deve fidelidade ao texto que comenta, por seu turno este mesmo comentário apresenta o texto comentado de determinada forma e, por isso, o controla. Exemplo mais evidente na nossa cultura são as interpretações dos textos evangélicos que, por seus comentários, constroem-se diferentemente em diferentes grupos e em diferentes épocas.

A *autoria* é outro procedimento: espera-se que o autor dê, de seu texto, testemunho: espera-se uma identidade e coerência que o organizem, o insiram numa certa realidade. Espera-se de um autor que sua fala de hoje seja coerente com sua fala de ontem.

A *disciplina*, enquanto definidora de um conjunto de procedimentos, de métodos, de assuntos, e de proposições consideradas verdadeiras, estabelece regras para os discursos que se fazem.

Há temas que estão fora da disciplina contemporânea dos estudos da linguagem, por exemplo, o estudo da origem da linguagem, que ocupou no passado muitos estudiosos.

c) *Mecanismos de controle dos sujeitos*

Na sociedade contemporânea há todo um sistema de *apropriação* dos saberes produzidos e herdados. A escola é, sem dúvida, uma instituição típica destes processos de apropriação. Nela se definem os sujeitos "competentes" para falar sobre determinados temas, segundo suas especialidades. Pouco importa que "de médicos e loucos, todos tenhamos um pouco": para produzir um discurso médico (uma receita, por exemplo) é preciso ter uma competência autorizada; não basta a competência.

As *sociedades de discurso*, constituídas pelos sujeitos "autorizados", constroem e interferem nos próprios processos de apropriação do saber: os médicos são os professores que aprovam/reprovam nas faculdades de medicina. Existem sociedades mais abertas, outras mais fechadas: mas sempre "sociedades" que, em nome da defesa de interesses de todos, limitam o número daqueles que podem proferir o discurso de suas especialidades.

A *doutrina* liga indivíduos pela aceitação de determinados enunciados e, portanto, pela rejeição a outros. Define-se pela doutrina um certo pertencimento a determinada corrente de pensamento. Produz-se assim uma dupla sujeição: dos sujeitos a determinados discursos; dos discursos destes sujeitos às perspectivas, pontos de vista, modos de ver o mundo, próprios da doutrina a que pertencem. Lembre-se, por exemplo, do pertencimento a diferentes "medicinas": alopatia e homeopatia. E no interior destas, as divergentes escolas.

No interior das sociedades de discursos há diferentes doutrinas; estas por seu turno organizam formas de permitir sua continuidade por diferentes sistemas de apropriações que estruturam.

Com base neste texto de Foucault se poderia organizar o seguinte quadro de controles sociais dos discursos:

MECANISMOS DE CONTROLE

Externos	Internos	Rarefação dos Sujeitos
Proibição	Comentário	Sistemas de apropriação
Razão/Loucura	Autoria	Doutrina
Verdade/Falsidade	Disciplina	Sociedade de discurso

Este primeiro quadro, associando-se aos processos interacionais de produção dos discursos, mostraria que os mecanismos de controle incidem sobre os temas que são objetos dos discursos, os sujeitos envolvidos e sobre as formas de participação nas interações, dando-nos um segundo quadro:

MECANISMOS DE CONTROLE DAS INTERAÇÕES

	Externos	Internos	Rarefação dos Sujeitos
ASSUNTOS	Proibição	Comentário	Sistemas de apropriação
SUJEITOS	Razão/Loucura	Autoria	Doutrina
FORMAS	Verdade/Falsidade	Disciplina	Sociedades de discurso

Há assuntos proibidos; há assuntos que sao comentários; há assuntos que demandam conhecimentos (especializações obtidas); é dos sujeitos que se espera um discurso racional; uma coerência com seus próprios discursos anteriores; é deles que se cobra o pertencimento à ideologia; espera-se dos sujeitos uma contribuição relevante e verdadeira, expressa de acordo com as formas usuais de fazê-lo segundo seu pertencimento a determinado grupo de "especialistas".

Há uma terceira possibilidade de cruzamento com o quadro que resultou da leitura aqui feita do texto de Foucault. Trata-se de pensar estes mesmos mecanismos tomando-se em conta as referências que se fazem ao mundo; o locutor e o interlocutor. Isto nos daria o seguinte quadro:

MECANISMOS DE CONTROLE DAS CONDIÇÕES DE PRODUÇÃO DE DISCURSOS NAS INTERAÇÕES

	Externos	Internos	Rarefação dos Sujeitos
ASSUNTOS	Proibição	Comentário	Sistemas de apropriação
SUJEITOS	Razão/Loucura	Autoria	Doutrina
FORMAS	Verdade/Falsidade	Disciplina	Sociedades de discurso
	REFERÊNCIA AO MUNDO	INTERLOCUTOR	LOCUTOR

Espera-se que, nas interações, as enunciações dos sujeitos incidam sobre temas não proibidos para a interação em curso; que o locutor siga o princípio de racionalidade na troca; que o locutor fale a verdade; que o interlocutor, na compreensão, comente enunciado e enunciação do locutor; considere quem está falando; compreenda sua fala dentro de certa configuração (que tem seus princípios e regularidades) de como se fala (por exemplo, num diálogo, espera-se a troca de turnos de fala, que os analistas da conversação têm mostrado seguir determinadas regularidades); é o locutor que, enunciando, se constitui como locutor e, portanto, como alguém motivado para falar sobre o assunto porque tem uma contribuição a fazer, é do locutor que se cobra o "sistema de referências" que usa; ao locutor se atribui e ele se auto-atribui determinado lugar do qual fala.

Esta rede de controle, parece-me, está presente nas diferentes respostas que dão os interlocutores às questões que sustentam as formações imaginárias presentes no jogo do discurso[35] e que transcrevo tais como formuladas por Osakabe (1979:49-50):

	Expressão designando as formações imaginárias	Significação da expressão	Questão implícita cuja "resposta" sustenta a formação imaginária correspondente
A	$I_A(A)$	Imagem do lugar de A pelo sujeito situado em A	"Quem sou eu para lhe falar assim?"
	$I_A(B)$	Imagem do lugar de B pelo sujeito situado em A	"Quem é ele para eu lhe falar assim?"
B	$I_B(B)$	Imagem do lugar de B pelo sujeito situado em B	"Quem sou eu para que ele me fale assim?"
	$I_B(A)$	Imagem do lugar de A pelo sujeito situado em B	"Quem é ele para que ele me fale assim?"

A esse esquema acrescenta-se outro constituído dos pontos de vista de A e de B sobre o referente:

	Expressão designando as formações imaginárias	Significação da expressão	Questão implícita cuja "resposta" sustenta a formação imaginária
A	$I_A(R)$	"Ponto de vista" de A sobre R	"De que lhe falo eu?"
B	$I_B(R)$	"Ponto de vista" de B sobre R	"De que ele me fala?"

A estas questões, Osakabe acrescenta outra, que não se localiza em um dos interlocutores, mas na relação entre ambos, assim formulada: O que A (locutor) pretende falando dessa forma? que o autor desdobra em outras duas: O que A (locutor) pretende de B (interlocutor) falando dessa forma? O que A pretende de A falando dessa forma?

Para exemplificar um possível funcionamento destas imagens, considerando os mecanismos de controle apontados por Foucault, tomarei cada uma destas perguntas para construir um quadro hipotético de respostas que um aluno, na escola, construiria (para mim, constrói) quando lhe é solicitado que escreva um texto[36].

1. Quem sou eu para lhe falar assim?

Aluno, por definição um aprendiz. O convívio com situações semelhantes e anteriores, em face da avaliação que teve de textos prévios, mostra que esta imagem de aluno que está aprendendo pode ser positiva ou negativa. Noviço, aluno-aprendiz, está passando pelo "sistema de apropriação" de saberes para ingressar numa sociedade de discurso.

2. Quem é ele para eu lhe falar assim?

Professor, por definição aquele que ensina, porque sabe. Legrand-Gelber observa que

> o jogo institucional impõe que o professor mostre que o território conceptual lhe pertence. Em termos goffmanianos, ele tentará "garder une position haute" protegendo assim, na interação, sua face positiva de detentor/transmissor do saber.
>
> (Legrand-Gelber, 1988: 86)

O professor faz parte da "sociedade de discurso" que avaliará o texto. Para escrever, ele espera que eu use as técnicas ensinadas (disciplina). Ele tem certas preferências que devo seguir.

3. *Quem sou eu (professor) para que ele me fale assim?*

Professor: no meu papel, me cabe ensinar-lhe, aferindo o que aprendeu.

4. *Quem é ele (aluno) para que ele me fale assim?*

Ele é o aluno, o que está aprendendo: sobre o assunto e sobre a forma de tratá-lo na modalidade escrita. Ele espera pois que eu o comente, ao mesmo tempo que ele está comentando o que lhe foi ensinado pela escola (e por mim, portanto).

5. *De que lhe falo eu?*

De um assunto que ele (professor) domina melhor do que eu. Eu não tenho o que lhe dizer: devolvo-lhe o que disse. Tem ele suas preferências (doutrina): assumo-as para obter uma avaliação positiva; ele sabe como uma história tem que ser contada: tenho que seguir as regras ensinadas (disciplina). Não posso contar qualquer coisa (proibição); só posso não falar a verdade se estou "inventando" uma história, do contrário tenho que dizer o que se tem por verdadeiro.

6. *De que ele (aluno) me fala?*

Do que eu já sei! Logo, o que ele me fala é um comentário do que lhe falei ... A autoria é dele ou minha? Como ele organizou, é dele; como o que organizou eu lhe disse, é minha. Mas os erros são dele...

7. O que ele pretende de mim falando desta forma?

Tirar boa nota.

8. O que o aluno pretende de si próprio falando assim?

Mostrar que aprendeu: que não pode falar de qualquer coisa, que deve dizer a verdade que lhe foi ensinada, etc.

Mais ilustrativa do que as hipotéticas imagens apontadas é a lenda persa do século IX, citada por Coquet:

> Après avoir jeûné sept années dans la solitude, l'Ami s'en alla frapper à la porte de son Ami.
> Une voix de l'intérieur demanda:
> — Qui est là?
> — C'est moi, répondit l'Ami.
> Et la porte resta fermée.
> Après sept autres années passées au désert, l'Ami revient frapper à la porte.
> Et une voix de l'intérieur demanda:
> — Qui est là?
> L'Ami répondit:
> — C'est toi!
> Et la port s'ouvrit.
>
> (Coquet, 1984: 18)

Na escola, os sistemas nada explícitos de avaliação[37] parecem repetir o que se dá com o discípulo da lenda: depois de anos de escolaridade, passados os rituais todos, diplomado, ele é um dos nossos. E a porta se abre.

Neste item, parti de uma consideração geral sobre os mecanismos de controle de discursos, tais como apontados por Foucault. Fiz uma leitura adaptando-os para chegar a considerações breves sobre sua presença nas formações imaginárias que se constituem em condições de produção de enunciações nos processos interacionais. Penso que este movimento, que vai do particular ao geral e do geral ao particular, pode ser benéfico para pensar as questões envolvidas no ensino de língua portuguesa. Evidentemente, os diferentes lugares sociais ocupados pelos sujeitos e as diferentes instituições em que as interações ocorrem são determinantes do trabalho executado pelos sujeitos na produção de seus discursos. Como este trabalho se dá por operações que tomam recursos expressivos insuficientes para determinar os sentidos, as condições em que os discursos são produzidos contribuem nesta determinação.

Os usos da linguagem, em diferentes instâncias e por diferentes grupos sociais, revelam diferentes graus de funcionamento dos mecanismos de controle. Numa sociedade altamente dividida, produzem-se também recursos expressivos distintos. No ensino da língua, estas questões são presença constante.

CAPÍTULO 2

IDENTIDADES E ESPECIFICIDADES
DO ENSINO DE LÍNGUA

> la liberación es um parto. Es un parto dolo-
> roso. El hombre que nace de él es un hom-
> bre nuevo, hombre que sólo es viable en la
> y por la superación de la contradicción
> opressores-oprimidos que, en última instan-
> cia, es la liberación de todos.
> (Paulo Freire. *Pedagogía del oprimido*)

2.1. A construção do objeto científico

Meu objetivo aqui é trazer elementos que identifiquem, em diferentes momentos históricos, algumas especificidades do trabalho de ensino. Minha hipótese é a de que estas especificidades constroem diferentes identidades ao longo da história. O contraponto necessário ao delineamento desta história é a correlação entre o trabalho científico e o trabalho de ensino, ou seja, a articulação entre o conhecimento que se tem a propósito da língua e o seu ensino.

Obviamente, a amplitude do tema exige delimitação, o que se fará aqui não pelo mergulho vertical numa determinada época histórica, mas pelo ponto de vista a ser defendido: o de que *o trabalho de ensino fetichiza o produto do trabalho científico*, isto é, autonomiza as descrições e explicações lingüísticas desconsiderando o processo de produção do trabalho científico que produziu as descrições e explicações ensinadas.

Para acercar-se ao tema, é preciso começar com o trabalho científico. Em nossa área, desde Saussure, já se sabe que a primeira regra é a de construção do objeto: "é o ponto de vista que cria o objeto".

No entanto, este gesto inaugural do trabalho científico não é inocente nem sem conseqüências. Não é inocente porque

> as asserções científicas são necessariamente sobredeterminadas — ou, para empregar a terminologia greimasiana, *modalizadas* — como produtos da veridicção, isto é, da tomada de posição efetuada pelo sujeito da enunciação a respeito de seu enunciado. A *modalização veridictória* essencial, jamais contingente ou eliminável dos enunciados científicos, introduz a ideologia como um suplemento fundador no interior da atividade científica.
>
> (Parret, 1976: 23)

Pontos de vista muito mais amplos contribuem na definição de como se vê o fenômeno a descrever e explicar através do modelo ou idealização do cientista.

Isto significa, de um lado, que os produtos do trabalho científico têm que ser vistos com desconfiança crítica e, por outro lado, que as disputas na definição do objeto, do que lhe é próprio e do que lhe é exterior, produzem resíduos, recuperáveis a partir de outros postos de observação. Neste sentido, as flutuações nos projetos de conhecimento, os processos de construção e desconstrução jamais permitirão que, neste terreno, se coloque um ponto final. O estado provisório das opções garantirá um movimento contínuo, pois não se trata de uma caminhada teleológica em busca da estabilidade na terra prometida: ponto fixo. Neste processo de construção e desconstrução faz-se a história da ciência.

No entanto, normalmente as origens desta elaboração primeira são silenciadas e até mesmo ignoradas. Da absurda complexidade do fenômeno lingüístico, de suas múltiplas faces, o objeto construído e trabalhado pela ciência clareia alguns aspectos, estabelece alguns parâmetros de adequação das descrições e explicações, parâmetros estes articulados tanto aos postos de observação quanto à história da própria ciência.

A ciência, na verdade, não se quer a cartografia desenvolvida na província descrita no conto freqüentemente citado de Borges: lá "a ciência da fazer mapas" se desenvolveu tão profundamente, os mapas se tornaram tão completos que acabaram cobrindo a província toda, de modo que a própria província desapareceu sob o mapa que a descrevia. Ao contrário, a ciência se quer mapa útil: que mostre direções. Mapas são perfeitos enquanto servem aos propósitos para os quais foram construídos.

Mas não se creia que o abandono da "ilusão objetivista" corresponde pura e simplesmente à abertura de um espaço para a "ilusão da opinião": em todas as ciências se constituíram rotinas e métodos de pesquisa que impedem tanto a subjetividade da opinião quanto a influência incontrolada de interesses pessoais. Isto não quer dizer que não seja o interesse que guie a construção do conhecimento. Antes, aponta para a necessidade contínua da avaliação crítica dos padrões que constituíram as condições históricas da objetividade possível em determinado momento.

A crítica, como forma de desmascaramento da conexão entre interesse e conhecimento, foge da ilusão do objetivismo pelo reconhecimento da existência desta conexão, assim resumida por Habermas:

> No exercício das ciências empírico-analíticas, imiscui-se um interesse técnico do conhecimento; no exercício das ciências histórico-hermenêuticas, intervém um interesse prático do conhecimento e, no posicionamento das ciências de orientação crítica, está implicado (aquele) interesse emancipatório do conhecimento.
> (Habermas, 1965: 137)

O interesse técnico corresponde à produção de tecnologia que permita melhores condições materiais de produção e de sobrevivência humanas; o interesse prático corresponde à definição de valores, a sistemas de referências de compreensão da vida, de que as definições que damos a progresso, justiça, liberdade, amor são exemplos; o interesse emancipatório corresponde à definição de novas formas de vida e de compreensão da natureza e do homem, libertadoras das amarras e pressões dos interesses historicamente localizados ou localizáveis.

As lições a tirar do fato de que a ciência não se identifica com a realidade que pretende descrever e explicar e do fato de que o interesse guia o conhecimento e este produz, por seu turno, outros interesses que levam a novos conhecimentos, são a do *movimento* na produção científica e a da historicidade de seus produtos.

Com Granger, explicitemos um pouco mais como se dá este processo de produção científica. Três distinções do autor são fundamentais: a experiência, o fenômeno e o objeto. A *experiência* é totalizante, ativa, global, vivida, e recobre não só fatos humanos mas também os chamados fatos naturais, as realidades existentes que o fato humano observa já como *fenômeno*, isto é, um recorte que nos fornece já uma descrição da experiência, que já não é a experiência e sim uma sistematização desta: classifica e define os elementos da experiência, situando-se no prolongamento do nível perceptivo. Numa segunda abstração, encontramos a ciência determinando seu *objeto*, isto é, construindo um modelo como um conjunto abstrato de invariantes estruturadas, definidas por leis de composição no interior do próprio conjunto, num jogo de correlações que atribui a cada elemento seu valor no sistema (Granger, 1968 e Lahud, 1975).

Importa-nos aqui:

a) que a passagem da experiência vivida ao fenômeno percebido deixa de lado resíduos não percebidos;

b) que a passagem do fenômeno a objeto, por seu turno, não é sem marcas porque baseada na percepção e não é sem resíduos porque a ciência não se propõe como descrição e compreensão do fenômeno percebido, mas como sistema de acesso explicativo do fenômeno, definindo as variáveis que vai levar em conta (ou seja, estruturando parte do fenômeno).

Os resíduos, que subsistem após estes dois níveis de abstração incontornáveis no processo de fazer ciência, exigem desta uma linguagem explícita para que seus resultados possam ser avaliados e suas predições possam ser contraditas; para que se saiba que elementos pretendeu explicar; para que se possam avaliar seus produtos. Somente assim permite um legado que, contraditoriamente, pressiona e condiciona as novas gerações mas também lhes permite ultrapassá-lo na construção de novos legados.

Recorro a Habermas, mais uma vez, para buscar neste autor elementos que nos permitam compreender como se produzem, de forma ampla, os "postos de observação" responsáveis pelas diferentes delimitações dos objetos da ciência e pelos resíduos que lhes são associados:

Os pontos de vista específicos sob os quais concebemos necessária e transcendentalmente a realidade estabelecem três categorias de saber possível: informações, que alargam o nosso poder de disposição técnica; interpretações, que possibilitam uma orientação sob tradições comuns; e análises, que emancipam a consciência da sua dependência relativamente a poderes hipostasiados. Estes pontos de vista derivam da conexão de interesses de uma espécie que, por natureza, está vinculada a determinados meios de socialização: ao trabalho, à linguagem e à dominação. O gênero humano assegura a sua existência em sistemas de trabalho social de auto-afirmação violenta; graças a uma convivência mediada pela tradição da linguagem ordinária; e, por fim, com a ajuda de identidades do eu que consolidam de novo a consciência do indivíduo em relação às normas do grupo em cada estágio da individuação. Assim, os interesses que guiam o conhecimento aderem às funções de um eu que, nos processos de aprendizagem, se adapta às suas condições externas de vida; que se exercita, mediante processos formativos, no nexo da comunicação de um modo da vida; e que constrói uma identidade no conflito entre as pretensões dos impulsos e as coações sociais. Estas realizações incidem, por seu turno, nas forças produtivas que uma sociedade acumula; na tradição cultural, a partir da qual uma sociedade se interpreta; e nas legitimações que uma sociedade aceita ou pratica. Portanto, (...) *os interesses que guiam o conhecimento constituem-se no meio do trabalho, da linguagem e da dominação.*

(Habermas, 1965: 143)

Correlacionando os conceitos de Granger (1968) à explicitação de Habermas, poderemos reesquematizar o processo de construção de objetos científicos para posteriormente complexificá-lo com a introdução de nosso objeto específico de preocupação: a linguagem.

Se considerarmos um pouco mais profundamente a linguagem ordinária, para Habermas mediadora da convivência humana, cuja existência se assegura em sistemas de trabalho e de autoafirmação violenta, veremos que esta mediação permitida pela linguagem não se faz sem o *trabalho lingüístico* de sujeitos (ver item 1.3. deste livro). Para Lahud (1975), este trabalho é uma atividade quase-estruturante, no sentido de que pela e com a linguagem os sujeitos referem aos fenômenos percebidos e, dizendo-os, estruturam-nos dentro da tradição condensada nas expressões lingüísticas. Isto nos leva a uma terceira abstração: a da passagem do fenômeno percebido à sua expressão lingüística. Nosso quadro teria, então, uma nova configuração:

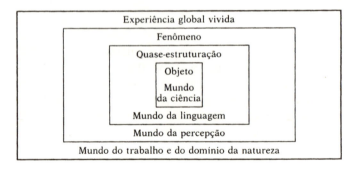

A cada abstração, a definição de um "sistema" e ao mesmo tempo o esquecimento de resíduos. Este esquema dá à *linguagem* lugar talvez excessivamente importante mesmo na construção de objetos científicos nas ciências da natureza. Desconte-se, no entanto, este possível excesso, mas considere-se que na lingüística, o que é tomado como fenômeno a estruturar em objeto é precisamente esta atividade quase-estruturante, e portanto já responsável por uma segunda produção de resíduos em relação à experiência global vivida.

Daí a complexidade da linguagem: de um lado refere ao mundo do percebido: fala dele. De outro lado, é já um trabalho de quase-estruturação e, por isso, abstração.

Assaciemos as considerações aqui tecidas à questão das variedades lingüísticas: a maior parte das descrições lingüísticas disponíveis construíram seu objeto a partir da variedade culta, na modalidade escrita. Esta "opção", evidentemente, é um recorte que não pode ser esquecido. E no interior da descrição desta variedade, há as opções por uma forma de tratamento das questões que aproximam as estruturas do português às estruturas da língua latina, já que esta era o modelo valorizador ou legitimador não só da variedade mas da própria língua portuguesa.

> A língua dos gramáticos é um produto elaborado que tem a função de ser uma norma imposta sobre a diversidade. Duarte Nunes de Leão, na *Origem da língua portuguesa* (1606) escrevia: "E por a muita semelhança que a nossa língua tem com ella (a latina) e que he a maior que nenhuã língua tem com outra, & tal que em muitas palavras & períodos podemos fallar, que sejão juntamente latinos & portugueses". Falando de tal semelhança, Nunes de Leão se refere, na realidade, ao produto lingüístico do trabalho literário e gramatical, à língua "construída" durante séculos de elaboração contínua para ser utilizada como língua do poder político e cultural. Por isto ele aponta o "bom senso" lingüístico da corte e alerta contra as possíveis influências negativas de proveniência plebéia.
>
> (Gnerre, 1985: 10-11)

E há mais: em termos de interesse na produção do conhecimento gramatical, não se pode esquecer a notícia que nos dá Gnerre, citando João de Barros: "as armas e padrões portugueses (...) materiais são e pode-os o tempo gastar, pero não gastará a doutrina, costumes e a linguagem que só Portugueses nestas terras deixaram" (Gnerre, 1985: 10).

Mais recentemente, Herculano de Carvalho em conferências proferidas em Sá Bandeira e em Nova Luanda em 5 e 8 de abril de 1969, referindo-se à difusão da língua portuguesa na África entre "portugueses" não falantes da língua da sua pátria, afirma:

> Nação multirracial, espalhada por vários continentes, sob vários climas, seremos uma Nação imperfeita, não cumprida senão quando todos os seus filhos possuírem como sua a língua portuguesa. (...) ... quero concluir com uma afirmação de confiança que traduz o que mais intimamente sinto: a de que estou absolutamente seguro de que, fazendo cada um de nós aquilo que está ao seu alcance e conjugados todos os nossos esforços, dentro de poucas décadas não haverá um Português que não saiba falar a língua da sua Pátria — a língua comum de todos os portugueses. É claro que não nos contentaremos com isso, *porque não nos basta ensinar a falar português mas a pensar em português e como português.*
> (Carvalho, J. G. H., 1971: 13-19 — grifos meus)

É, pois, impossível esquecer os "postos de observação" a partir dos quais as descrições lingüísticas são produzidas:

> o recorte da realidade que (o cientista) deve efetuar para dar-se um objeto o quanto possível regular e analisável, deixa necessariamente no exterior do horizonte alguma faceta do real. Além de não ser neutra, a visada

do cientista é, assim, necessariamente parcial. Na verdade, sua incômoda posição o joga praticamente num círculo vicioso. Não pode encarar os fenômenos, deve selecionar um de seus aspectos ou (o que é uma atitude mais discutível), uma de suas partes. Esta seleção, queira ele ou não, é produzida a partir de um ponto de vista prévio, que à sociologia do conhecimento cabe esclarecer. Assim, o que lhe aparece como objeto é o que sua posição determina como tal.

(Possenti, 1979: 10)

Para se acercar ao ensino a partir do foco da linguagem é preciso, antes, delimitar o próprio foco, assumindo uma concepção do próprio objeto da lingüística, uma vez que este

aparece atravessado por uma divisão discursiva entre dois espaços: aquele da manipulação de significações estabilizadas, normatizadas por uma higiene pedagógica do pensamento e aquele das transformações de sentido, arredio a toda norma assimilável *a priori*, de um trabalho do sentido sobre o sentido, obtido no revigoramento indefinido das interpretações.

(Pêcheux, 1982: 20)

2.2. A construção do conteúdo de ensino

Trazer à reflexão, aqui, a questão da construção do objeto da ciência permitiria que, como passo imediato, se fizesse uma história da ciência da linguagem, observando como ao longo do tempo se definiu de forma diferente o seu objeto e, na perspectiva defendida no item anterior, fazer esta história com atenção especial aos resíduos, recuperados em um novo projeto. Evidentemente, uma tal história da Lingüística está muito além dos interesses deste estudo, e há já uma bibliografia razoável que pode ser lida considerando-se este movimento de construções.

O que é preciso ficar claro, especialmente para o professor de língua portuguesa da escola de 1.º grau, é que as mudanças contínuas na pesquisa científica não respondem simplesmente a um *modismo*, mas ao desejo de desvelamento de questões obscuras no processo de compreensão do fenômeno que se quer explicar pela ciência. Meu objetivo com a reflexão anterior é atender a dois aspectos:

1. quando novidades da pesquisa chegam à escola não é porque "agora tudo mudou" ou porque "o que se pensava antes estava errado" e é preciso "embarcar na nova onda". É preciso afastar esta ingenuidade. É preciso entender que iluminações novas são conseqüências de definições novas do objeto de estudos. Neste sentido, cumpre afastar duas formas de fetichizações: compreender o novo como mera "novidade" e pensar que este novo é definitivo, que agora sim chegou-se a um ponto ômega, a um ponto final de investigação. Esta segunda fetichização é uma das responsáveis por certas afirmações ingênuas de professores "pessimistas" que, ao final ou quase ao final da carreira, acabam reagindo a qualquer mudança porque "viram muitas mudanças na vida" e elas nada significaram de concreto na melhoria do ensino. Trata-se de uma espécie de saudosismo, mas saudosismo que não é só do passado; é fundamentalmente um saudosismo da *estabilidade*, da *fixidez*, o que revela uma incompreensão do processo de fazer ciência;

2. estabelecer uma diferenciação que me parece fundamental: a diferença entre *conteúdo de ensino* e *produto da pesquisa científica*. É deste

aspecto que trataremos a seguir, sem fazer uma correlação entre um e outro, mas refletindo sobɪe as diferentes identidades que historicamente, em função desta relação, foram construindo a ação de ensinar e, por ricochete, foram definindo diferentes identidades do professor (de língua portuguesa)[1].

A história da educação, como toda a história, recupera avanços e recuos, perceptíveis como tais somente ao olhar contemporâneo. As diferentes iniciativas educacionais, concomitantes às vezes (a título de exemplo, lembremos as propostas comenianas e as propostas jesuíticas), respondem a concepções de mundo, a concepções de homem e aos interesses específicos de determinada formação social. A leitura desta história, enquanto história, não pode deixar de lado as sutilezas, as diferenças, as mudanças. Mas meu objetivo não é o detalhe neste processo. Apesar dos riscos de simplificação, creio que poderemos distinguir, em linhas gerais, três diferentes momentos na relação entre a produção de conhecimentos e o ensino. Há muita história por trás de uma tal síntese. Mas talvez a síntese nos seja útil para compreender a construção social e histórica das diferentes identidades do professor.

Estudando a educação nos séculos XIV e XV, Manacorda já detecta os primórdios de uma relação fundamentalmente profissional no ensino:

> Mestres autônomos, mestres com proscholus, mestres associados em "cooperativas", mestres capitalistas que assalariam outro mestre, mestres pagos por corporações, mestres pagos pelas comunas: nesta variedade de relações jurídicas, estamos perante a escola de uma

sociedade mercantil que, quase totalmente livre da ingerência da Igreja e do Império, vende sua ciência, renova-a e revoluciona os métodos de ensino.
(Manacorda, 1989: 174)

Qual o significado, no Trezentos e no Quatrocentos, da existência de tais mestres? Distantes um século da modernidade, onde vagarosamente educar todos os homens vai se tornando um objetivo, estes mestres e suas diferentes escolas são ainda a sobrevivência do que poderíamos chamar de "escolas de sábios". Nestas, o professor, pago ou não por seus alunos, pela comunidade ou sustentado pela abadia, se caracteriza ou se identifica pelo fato de ser um produtor de conhecimentos, produtor de um saber, de uma reflexão. E como tal fala sobre este saber a discípulos (ou mesmo seguidores). Este não é visto como alguém a ser instruído (ainda que se lhe dê instrução), mas como alguém a ser considerado e conquistado para os pontos de vista defendidos pelo "sábio em sua escola". Sócrates, Platão, Aristóteles ou o gramático Varrão são produtores de saber e seus discípulos são interlocutores (aliados ou "adversários"), aprendizes que com o mestre produzem conhecimento, e com ele são perseguidos (não só Galileu foi perseguido pela Inquisição, mas também aqueles que com ele compartilhavam opiniões). Mesmo na história da Igreja se poderiam encontrar exemplos de conventos ou ordens religiosas cuja base inicial é a liderança intelectual de um pensador.

O que me parece identificar este tempo, que vai até os inícios da modernidade, é o fato de que entre aquele que ensina e aquele que produz conhecimento não há uma separação radical. Quem ensinava gramática era também um gramático; não havia diferença entre o filósofo e o professor de Filosofia; entre o físico e o professor de Física[2].

Nos primórdios do mercantilismo vamos encontrar já uma divisão radical, uma divisão social do trabalho responsável pelo surgimento de uma nova identidade: o mestre já não se constitui pelo saber que produz, mas por *saber um saber produzido* que ele transmite. Somente no mercantilismo é que surgem as utopias das escolas para todos, a universalização do ensino. As produções de novos saberes (matemáticos, físicos, médicos, etc.) já tinham se definido. Há urgência de instrução e, conseqüentemente, de "instrutores". Emerge na história o professor. Neste sentido, é instrutivo ler, na defesa que faz Comenius de seu método perfeito de ensinar:

> ... serão hábeis para ensinar mesmo aqueles a quem a natureza não dotou de muita habilidade para ensinar, pois a missão de cada um é tanto tirar da própria mente o que deve ensinar, como sobretudo comunicar e infundir na juventude uma erudição já preparada e com instrumentos também já preparados, colocados nas suas mãos. Com efeito, assim como qualquer organista executa qualquer sinfonia, olhando para a partitura a qual talvez ele não fosse capaz de compor nem de executar de cor só com a voz ou com o órgão, assim também por que é que não há o professor de ensinar na escola todas as coisas, se tudo aquilo que deverá ensinar e, bem assim, os modos como o há de ensinar, o tem escrito como que em partituras?
>
> (Comenius, 1627: **XXXII**-4)

De produtores a transmissores: uma nova identidade; do outro lado do fio, também uma outra identidade: de discípulos a alunos. Como se dará agora a relação entre a produção de conhecimentos e o ensino? Se no período anterior produzir conhecimentos e ensinar estes conhecimentos era trabalho de um mesmo mestre, e este se tornava mestre não por ensinar, mas por produzir, agora já não temos nem a mesma pessoa, nem o mesmo processo, nem identidade entre objetos. Como caracterizar agora este novo profissional-professor?

De um lado, o professor se constituirá socialmente como um sujeito que domina um certo saber, isto é, *o produto* do trabalho científico, a que tem acesso em sua formação sem se tornar ele próprio produtor de conhecimentos. Este "eixo" coloca de imediato uma questão a este novo profissional: estar sempre a par das últimas descobertas da ciência em sua área de especialidade. Ironicamente, isto sempre significa estar desatualizado, pois não convivendo com a pesquisa e com os pesquisadores e tampouco sendo responsável pela produção do que vai ensinar, o professor (e sua escola) está sempre um passo aquém da atualidade. No entanto, sua competência se medirá pelo seu acompanhamento e atualização. Neste sentido, o professor emerge como categoria sob o signo da desatualização.

De outro lado, há a necessidade de articular os conhecimentos com as necessidades, reais ou imaginárias, da transmissão destes conhecimentos. Aqui serão os conhecimentos da pedagogia, da psicologia, dos recursos didáticos que iluminarão suas ações.

Articular um e outro eixo não é trabalho sem produto. É nesta articulação que se constrói *o conteúdo de ensino.* A seleção de tópicos, a seqüenciação destes tópicos, a seriação não correspondem nem em termos cronológicos nem em termos de objetivos à construção dos produtos manuseados nesta nova construção. Tomemos apenas um exemplo, em nossa área: as descrições gramaticais (inclusive muitas das descrições das gramáticas tradicionais) têm objetivos de compreender o funcionamento ou a estrutura da língua. No entanto

> Se perguntássemos a qualquer professor secundário por que se ensina gramática, ele responderia provavelmente que o conhecimento da gramática, devidamente assimilado, é um pré-requisito da expressão correta. Se entendo bem, afirmações como esta querem dizer que o indivíduo que conhece gramática tem melhores condições para controlar sua própria expressão, evitando assim incorreções. (...) Esse projeto, que poderia ser chamado da "boa expressão como subproduto da gramaticalização", é problemático. Primeiro, porque cabe perguntar se uma prática, um hábito, qualquer que ele seja, deve sempre resultar de uma opção consciente; segundo, porque parece claro que o esforço de abstração exigido para adivinhar o que está por trás de certas definições das gramáticas escolares vai além da capacidade do aluno médio (vai além da capacidade de boa parte dos lingüistas não-dogmáticos).
>
> (Ilari, 1985: 54-55)

Assim, o resultado do trabalho científico (que o professor competente deve conhecer enquanto resultado sem que se lhe exija conhecer as razões de ser da pesquisa e seus resultados) transforma-se em conteúdo de ensino em face de imagens que faz o professor das dificuldades de compreensão que poderão ter seus alunos. Mas não só. Como se trata de achar um modo de transmitir, com certa facilidade, as informações colhidas no estudo dos resultados da pesquisa, o ecletismo, a banalização e, principalmente, a compreensão destes resultados como definitivos, cristalizam como verdade o que é apenas uma verdade dentro de certa perspectiva. Novamente um exemplo que não demanda excesso de imaginação: a estrutura sujeito/predicado das sentenças. Retirando daqui e de lá formas de definir sujeito, misturam-se critérios nocionais (sujeito é o agente) com critérios sintáticos (sujeito é a expressão com a qual o verbo concorda) ou mais sofisticadamente, com critérios pragmáticos (sujeito é a expressão que referencia algo de que se fala alguma coisa).

Acrescente-se a este modo de construir o conteúdo de ensino outra variável também significativa: a história da própria disciplina no sentido de matéria de ensino. Conteúdos de ensino há que foram, são e serão conteúdos porque simplesmente sempre foram ensinados. Podem não responder a qualquer necessidade do estudante e podem, mesmo, ter caído em "desuso" na pesquisa, mas continuam listados nos programas de ensino. Isto vai produzir, na história do ensino de uma certa matéria, uma certa *disciplina* (no sentido de Foucault, que vimos em 1.4.): certos conteúdos só são aprendidos para responder a necessidades de exigência do próprio sistema da disciplina. São pois exigências circulares, e não são de compreensão do fenômeno que a ciência pretenderia descrever e explicar, porque não é esta a questão que se coloca para o estudante ou para o professor. Estes conteúdos sequer são transmitidos como "erudições" que exemplificariam formas de ver na história (os conteúdos de ensino, por incrível que pareça, não têm história: são dados definitivos). Assim, é comum professores alegarem que "ensinam" determinadas noções porque elas serão exigidas pelas séries seguintes, pelo vestibulinho, pelo vestibular. Não se dão conta de que esta exigência acaba se fechando no interior da própria estrutura do sistema escolar. Passado o tempo de nele viver, esquece-se a informação. E não é preciso chegar ao final da escolaridade. A título de exemplo, dois depoimentos de alunos coletados por pesquisa de José Luiz Beltran:

> E a gente tá estudando ... sujeito, predicativo do sujeito. Estudamos verbos. Verbos de ligação. Deixa eu ver o que mais, é ... preposições. Agora deixa ver o que estamos estudando... a gente tá estudando ... a gente tá estudando sobre ... ih! Eu não me lembro o que nós estamos estudando!...
>
> Deu esse negócio de separar sujeito ... ah! esqueci o nome. E depois ela deu aquele negócio grego.
>
> (Beltran, 1989: 45-46)

Gradação, seriação, motivações, modos de ensinar, história do que sempre se ensinou, mudanças na concepção de educação e a construção de novos recursos didáticos são alguns dos instrumentos com que se constrói a diferença entre o trabalho de produção científica e o trabalho de ensino. E este trabalho, evidentemente, produz suas marcas no objeto "transmitido". Entre a gramática de uma língua, no sentido de produto de descrição, e a gramática pedagógica, vai enorme distância. O trabalho social do professor é o do articulador dos eixos epistemológico e das necessidades didático-pedagógicas.

Importa salientar aqui a característica identificadora da construção destes dois diferentes objetos: trata-se de transmitir um saber já produzido. E do processo de produção deste saber não participam nem o professor nem o aluno. Entre o filósofo e o professor de Filosofia, entre o professor de língua e o gramático, estabelece-se a diferença. Divide-se o trabalho. No ensino, não se trata de trabalhar com dados ou fatos para, refletindo sobre estes, produzir uma explicação. Trata-se de aprender/ensinar as explicações já produzidas e fazer exercícios para chegar a respostas que o saber já produzido havia previamente fornecido.

Do mercantilismo ao capitalismo contemporâneo, alteraram-se profundamente as condições de produção de bens e com estas alterações, novas divisões do trabalho. Na produção científica, mudam-se as relações. Se as expressões lingüísticas trazem sempre um pouco do "murmúrio da história", é instrutivo atentar para o fato de que hoje não se fala mais em "sábios" ou em "cientistas", mas em pesquisadores (esta mudança de denominação não refletiria também uma mudança qualitativa nas relações de produção: emprego, exigência de produtividade, salários, gratificações, etc.?).

A reflexão e a produção de conhecimentos subordinam-se a relações de interesse e também a condições de infra-estrutura técnica, como mostra Habermas (1965). A nova configuração introduz na relação entre a atividade de produção de conhecimentos e a atividade de ensino uma nova realidade: a produção de material didático posto à disposição do trabalho de transmissão. Trata-se de uma "parafernália didática" que vai do livro didático (para o professor, com respostas dadas) até recursos da informática, com vídeos destinados ao ensino de determinados tópicos ou disquetes com textos e exercícios. Em relação ao trabalho do professor, a profecia de Comenius se concretiza: "tudo aquilo que deverá ensinar e, bem assim, os modos como o há de ensinar, o tem escrito como que em partituras".

Se na etapa anterior era de responsabilidade do professor articular os eixos epistemológico e das necessidades didático-pedagógicas, no mundo tecnologizado muda-se qualitativamente a identidade e o trabalho do professor. Sua competência já não se define por saber um saber produzido por outros.

> A professora Ivonete Paixão, 22, ganha NCz$ 80,00 mensais para dar aulas de manhã e à tarde no 1.º grau. Ivonete vai trabalhar de carona, porque a passagem de ônibus entre Miribi, onde mora, até o centro da cidade custa NCz$ 120,00. "Dou aula com fome", diz.
> A professora, *que estudou até a 2.ª série do 1.º grau*, dá aulas para duas classes de 1.ª a 5.ª séries. Ela afirma que sobrevive com os dois filhos graças ao trabalho do marido, na lavoura da família.
> (*Folha de S. Paulo*, 11-3-90 — grifos meus)

Trata-se de professora do Piauí, e a reportagem focaliza a questão salarial. Interessa-me esta questão tanto quanto outra: como se chegou a esta baixa remuneração? Como uma professora ensina para alunos com escolaridade superior à sua? A depauperização do professor não está desligada da definição de sua nova identidade na correlação entre o saber e o ensino.

Em face do desenvolvimento tecnologizado, parece caber ao professor a escolha do material didático que usará na sala de aula. Mas qual a sua função depois disto? Uma boa metáfora é compará-lo a um capataz de fábrica: sua função é *controlar* o tempo de contato do aprendiz com o material previamente selecionado; definir o tempo de exercício e sua quantidade; comparar as respostas do aluno com as respostas dadas no "manual do professor", marcar o dia da "verificação da aprendizagem", entregando aos alunos a prova adrede preparada, etc. Recorro, novamente, a depoimentos de alunos da pesquisa de Beltran:

> Nosso livro é o *Português dinâmico*. E ela dá. Vai dando (...) As partes das lições ela segue tudo direitinho.

> Tudo o que a gente estudou até agora foi pelo livro.

> Ela não quer deixar nada pra trás. Ela segue reto o livro.
>
> (Beltran, 1989: 43 e 44)

A tecnologia, que permitiu e permite a produção de material didático cada vez mais sofisticado e em série, mudou as condições de trabalho do professor. O material está aí: facilitou a tarefa, diminuiu a responsabilidade pela definição do conteúdo de ensino, preparou tudo — até as respostas para o manual ou guia do professor. E permitiu: elevar o número de horas-aula (com as tarefas do tempo anterior, seria impossível a um mesmo sujeito dar 40 a 60 horas de aula semanais, em diferentes níveis de ensino); diminuir a remuneração (o trabalho do professor aproxima-se, em termos técnicos, cada vez mais do trabalho manual e este, como se sabe, em nossa sociedade, sempre foi mal remunerado); contratar professores independentemente de sua formação ou capacidade[3], etc. Some-se tudo e temos ao menos uma pista para compreender o "desprestígio" social da profissão. Afinal, o aluno de 5.ª série da Ivonete Paixão só continua na 5.ª série porque não quer ser professor (idealista, não sonha em enriquecer à custa dos cofres públicos).

É claro que, apesar de tudo, o professor e os alunos não rezam somente segundo a letra da cartilha que os adota (o material didático, em geral, uma vez selecionado, *adota* professor e alunos que o "seguem reto"[4]). Há, nas salas de aula, válvulas de escape de um tal projeto: muitas perguntas, do aluno e do professor, fogem do previsto. Suas respostas a estas perguntas podem ser eivadas de senso comum, mas talvez sejam os momentos de reflexão que de fato se dêem na escola contemporânea. A existência de tais fatos, no entanto, não é suficiente para descaracterizar a identidade do projeto contemporâneo, que poderia ser denominado de "exercício da capatazia".

Em resumo, podemos caracterizar três diferentes identidades para o professor, ao longo da história. Identidades que, repito, podem conviver numa mesma época histórica (ainda que se possa dizer que um professor que sabe o saber produzido por outros, hoje, é um exemplo de arcaísmo): a) pela produção de conhecimentos; b) pela transmissão de conhecimentos e c) pelo controle da aprendizagem. O fim de um projeto (ou época) e o início de outro não são pontuais, como todos os projetos históricos. Estas diferentes identidades entrecruzam-se, em cada época uma delas sendo a de maior relevo.

2.3. O texto como parte do conteúdo de ensino

Nos dois itens anteriores ocupamo-nos com a passagem do produto do trabalho científico a conteúdo de ensino, inicialmente levantando alguns subsídios a propósito da construção do objeto da ciência e depois detendo-nos em três diferentes formas de relação entre o produto do trabalho científico e o papel do professor na construção do objeto de ensino. Observamos que esta passagem cristaliza em verdade absoluta tudo o que na ciência se põe como hipótese. É neste sentido que defendemos o ponto de vista de que a atividade de ensino é uma forma de fetichização. Vimos também que, na história, a própria emergência do profissional *professor*, resultado da divisão social do trabalho, acaba por produzir diferentes identidades histórico-sociais. Estas diferentes identidades respondem a diferentes interesses da sociedade na educação (no nível da definição de seus objetivos) e de diferentes condições técnicas com que se concretiza a atividade de ensino (o aprofundamento da divisão social do trabalho materializa-se, por exemplo, nos recursos didáticos com os quais se realiza o trabalho).

Em nossa área, é no ensino de gramática que mais facilmente se constata o processo de fetichização e a distância cada vez maior entre o que os pesquisadores pensam sobre a estrutura da língua e o professor que a ensina (transmite) a seus alunos. Neste item, meu objetivo é refletir sobre outra parte do "conteúdo de ensino", sempre presente nas atividades de sala de aula de língua portuguesa: o texto, quer como objeto de leitura, quer como produto da atividade discente. Aqui, enfatizarei o primeiro aspecto (já que o segundo será retomado no próximo capítulo). O ponto de vista que defenderei é que esta presença (do texto) *pode corroer a identidade atual do professor de língua portuguesa*, em função do resultado da reflexão sobre textos que se realiza na área da pesquisa.

Abandonemos, por excessivamente fascinante, uma discussão sobre os conteúdos ideológicos dos textos que se dão à leitura, especialmente nos livros didáticos. Este abandono não significa desconsiderar a importância da questão. Ao contrário, é nos conteúdos dos textos que se dão a ler que mais explicitamente se realizam os objetivos da educação tal como definidos a cada circunstância histórica. A utilização de textos para isso é um fato constante na história da educação. Na *Conduite des écoles chrétiennes*, regulamento escolar de João Batista de La Salle, escrito em 1702 e publicado em 1720, pode-se ler esta preocupação com uma clareza meridiana, pois "os maus livros" levados à escola pelos alunos "serão levados ao Diretor para serem queimados", já que a leitura, como diz Manacorda (1989: 232) concerne essencialmente ao ensino religioso, à doutrina, às Sagradas Escrituras, ou seja, à transmissão dos valores religiosos, como definidos então, e cuja inculcação era o fim último da educação cristã.

O "uso e abuso" dos textos para transmitir valores das classes hegemônicas, pela leitura, na escola, mereceu já inúmeras reflexões[5]. Também textos não-escolares, destinados à leitura da infância, são exemplarmente explícitos no preenchimento desta função[6]. O aspecto que pretendo abordar aqui cumpre função semelhante, mas mais sutilmente, como se verá. A questão que vai nos ocupar é: *como* se concilia, na atividade escolar do ensino de língua portuguesa, a presença do texto — um objeto que aponta tanto para o fechamento quanto para a abertura de sentidos — com as funções ideológicas de reprodução social? Apontando para as formas desta "conciliação" (que me parecem mais sutis na inculcação da ideologia do que os próprios conteúdos dos textos), espero estar apontando também para a contradição e, por isso, para as possibilidades que esta presença paradoxal oferece à corrosão da identidade contemporânea do trabalho de ensinar.

Para tanto, é preciso que nos aproximemos um pouco mais deste objeto *texto*. E faço isso estabelecendo algumas delimitações necessárias à reflexão que pretendo desenvolver, por isso o conceito a que chego vale para o contexto desta discussão. Como quadro de fundo, lembremos que um texto é o produto de uma atividade discursiva onde *alguém diz algo a alguém*. Para as aproximações intuitivas ou ingênuas, encadeemos, como o faz Anis (1985), características que permitam as delimitações:

1. um texto é uma seqüência verbal: primeira delimitação: estarei considerando aqui somente textos *verbais* num sentido muito preciso de verbais: lingüísticos. Evidentemente texto poderia referir-se a uma seqüência icônica, uma seqüência de cores, etc.;

2. um texto é uma seqüência verbal escrita: outra delimitação. É óbvio que há seqüências verbais orais, também elas textos;

3. um texto é uma seqüência verbal escrita coerente: uma mera justaposição de seqüências verbais escritas não chega a constituir um texto; quando o processo de construção de um texto aparentemente se faz pela justaposição de seqüências verbais sem ligações entre si, no processo de compreensão de tais textos é preciso buscar nos espaços "em branco" as ligações possíveis;

4. um texto é uma seqüência verbal escrita coerente formando um todo: esta característica é necessária precisamente para dar conta de textos construídos por justaposições aparentemente incoerentes entre si; só buscamos preencher espaços "em branco" de seqüências justapostas se supomos que elas se apresentam como partes de um todo;

5. um texto é uma seqüência verbal escrita coerente formando um todo acabado: embora não

existam critérios formais objetivos para se dizer que estamos ante um texto acabado, um texto ainda não acabado não é um texto, já que sua finalização pode exigir uma releitura de tudo o que se construiu anteriormente como seu sentido; possivelmente o único critério para tomar um texto como acabado seja o autor dá-lo como tal;

6. um texto é uma seqüência verbal escrita coerente formando um todo acabado e definitivo: dar um texto como definitivo é admitir a existência de pré-textos, de rascunhos, etc. todos partes do processo de sua construção; esta característica é, na verdade, uma prerrogativa do autor (ou locutor); evidentemente, sempre podemos ler pré-textos, rascunhos, etc. mas não podemos culpar o autor por falta de "pistas suficientes" nos pré-textos ou rascunhos para que o possamos compreender, pois afinal estes não são textos definitivos;

7. um texto é uma seqüência verbal escrita coerente formando um todo acabado, definitivo e publicado: onde publicado não quer dizer "lançado por uma editora", mas simplesmente dado a público, isto é, cumprindo sua finalidade de ser lido, o que demanda o *outro*; a destinação de um texto é sua leitura pelo outro, imaginário ou real; a publicação de um texto poderia ser considerada uma característica acessória, entendendo-se que um texto não publicado não deixa de ser um texto. No entanto, o sentido que se quer dar aqui a *publicado* é o sentido de *destinação a*, já que um autor isolado, para quem o *outro* inexista, não produz textos.

Com estas características, chegamos a um conceito operatório de texto:

a) um texto é uma seqüência verbal escrita formando um todo acabado, definitivo e publicado.

E esse conceito nos leva às reflexões do náufrago e solitário Robinson Crusoé, na versão de Michel Tournier, onde podemos encontrar parâmetros iniciais para nossa discussão:

A solidão não é uma situação imutável em que eu me encontraria mergulhado desde o naufrágio do Virginie. É um meio corrosivo que age em mim lentamente, mas sem pausa, e num sentido puramente destrutivo. No primeiro dia, eu transitava entre duas sociedades humanas igualmente imaginárias: o pessoal de bordo desaparecido e os habitantes da ilha, pois julgava-a povoada. Encontrava-me ainda quente de todos os contatos com os meus companheiros de bordo. Prosseguia imaginariamente o diálogo interrompido pela catástrofe. A ilha, depois, revelou-se deserta. Caminhei numa paisagem sem alma viva.

Atrás de mim, mergulhava na noite o grupo dos meus infelizes companheiros. Já as suas vozes tinham há muito silenciado quando a minha começava apenas a cansar-se do solilóquio. Desde aí, sigo com horrível fascínio o processo de desumanização cujo trabalho inexorável sinto em mim.

Sei agora que todos os homens trazem em si — e dir-se-ia, acima de si — uma frágil e complexa montagem de hábitos, respostas, reflexos, mecanismos, preocupações, sonhos e implicações, que se formou, e vai-se transformando, no permanente contato com os seus semelhantes. Privada da seiva, esta delicada florescência definha e desfaz-se. O próximo, coluna vertebral do meu universo. ...

Todos os dias meço quanto lhe devia, ao verificar novas fendas no meu edifício pessoal. Sei a quanto me arriscaria perdendo o uso da palavra, e combato com todo o ardor da minha angústia essa decadência suprema. As minhas relações com as coisas, porém, encontram-se também elas desnaturadas pela minha solidão. Quando um pintor ou um gravador introduz personagens numa paisagem ou na proximidade de um monumento, não é por gosto do acessório. As personagens dão a medida, e o que é ainda mais importante, constituem pontos de vista possíveis que, ao ponto de vista real do observador, acrescentam indispensáveis virtualidades.

(Tournier, 1972: 46-47)

O outro é a medida: é para o outro que se produz o texto. E o outro não se inscreve no texto apenas no seu processo de produção de sentidos na leitura. O outro insere-se já na produção, como condição necessária para que o texto exista. É porque se sabe do *outro* que um texto acabado não é fechado em si mesmo. Seu sentido, por maior precisão que lhe queira dar seu autor, e ele o sabe, é já na produção um sentido construído a dois. Quanto mais, na produção, o autor imagina leituras possíveis que pretende afastar, mais a construção do texto exige do autor o fornecimento de *pistas* para que a produção do sentido na leitura seja mais próxima ao sentido que lhe quer dar o autor. Valham como argumentos dois fenômenos lingüísticos importantes e sempre presentes em textos: a repetição e a paráfrase[7]. Como vimos em 1.3. o trabalho discursivo é precisamente a tentativa de produzir determinações a partir de uma linguagem relativamente indeterminada. O sucesso ou fracasso na empresa depende de vários fatores, entre os quais se pode apontar o próprio tipo de texto produzido: mais facilmente a configuração de um texto do tipo "receita culinária" obterá sucesso na determinação do que um editorial de jornal, e como se sabe, não é porque este não tenha uma certa configuração relativamente definida[8]. Isto porque

> O sentido não é dado nem pelas formas, nem pelo extralingüístico. Trata-se de uma atividade complexa de representação que combina dois domínios: a) aquele das noções (conjunto estruturado de propriedades físicoculturais, munido de uma tipologia) e suas relações com uma língua dada; b) aquele das operações que permitem a construção de enunciados, operações que colocam em jogo ancoragens tanto em relação à situação de enunciação extralingüística quanto em relação ao contexto lingüístico. Note-se, nestes dois domínios, a necessidade de colocar a estabilidade (que permite a intersubjetividade) e a labilidade (que explica a não-simetria entre produção e reconhecimento).
>
> (Simonin, 1984: 56)

É por isso que se fala em compreensão de um texto, e não em reconhecimento de um sentido que lhe seria imanente, único[9]. Não se creia no entanto que a labilidade seja tal que a relação, através de um texto, entre um eu e um tu seja impossibilitada. Na produção de sentidos, há ao mesmo tempo uma abertura e um fechamento. Mesmo para Stanley Fish[10] para quem não é o leitor que dá uma resposta ao sentido do texto, mas sua resposta constitui o sentido do texto, as múltiplas estratégias que compartilhamos numa comunidade interpretativa, na qual autores e leitores estão sempre situados, restringem a pluralidade e infinidade de sentidos de um texto. Neste sentido, por mais paradoxal que possa parecer, um texto significa sempre uma coisa, mas esta coisa não é sempre a mesma:

> Alguém me diz: "Você compreende esta expressão? Ora, eu também a uso na significação que você conhece." Como se a significação fosse uma espécie de halo que

a palavra leva consigo e que fica com ela em qualquer emprego.

(Wittgenstein, 1975: 59)

Trabalhando com palavras, operando a construção de enunciados, remetendo a sistemas de referência, pode-se dizer de um texto o mesmo que diz Rossi-Landi da língua:

> ... dada a existência de uma língua falada por um certo grupo humano e do relativo mercado lingüístico, dá-se aqui um fenômeno que poderíamos batizar por "inevitabilidade do significado": o fato de a compreensão ocorrer como algo natural (...) isto é, o fato de que um ouvinte não pode não começar a interpretar de uma certa maneira uma expressão emitida por um falante de sua própria comunidade lingüística, qualquer que seja depois a interpretação ulterior que ele dará àquela mesma expressão em função da variação dos contextos e de suas inclinações pessoais.
>
> (Rossi-Landi, 1968: 90)

Em resumo, "uma seqüência verbal escrita coerente formando um todo acabado, definitivo e publicado"

a) se constrói numa relação entre um eu e um tu;

b) opera com elementos que, sozinhos, são insuficientes para produzir um sentido fixo;

c) inevitavelmente tem um significado, construído na produção e na leitura, resultado das múltiplas estratégias possíveis de interpretação compartilhadas por uma comunidade lingüística, a que apelam tanto autor quanto leitor.

Acrescentemos a estas considerações sobre a natureza do texto duas complicações:

d) diferentes instâncias de uso da linguagem operam com diferentes estratégias de produção e compreensão de textos;

e) as comunidades lingüísticas não são homogêneas (antes pelo contrário, na nossa sociedade se debatem interesses antagônicos) e, portanto, operam tanto com diferentes conjuntos de noções (sistemas de referências) quanto com diferentes formas de construção de enunciados.

Estamos agora em condições de enfrentar o tópico deste item. O trabalho com linguagem, na escola, vem se caracterizando cada vez mais pela presença do texto, quer enquanto objeto de leituras, quer enquanto trabalho de produção. Se quisermos traçar uma especificidade para o ensino de língua portuguesa, é no trabalho com textos que a encontraremos. Ou seja, o específico da aula de português é o trabalho com textos.

Voltemos à nossa questão: como se concilia então, em face da natureza do texto, a identidade contemporânea do trabalho de ensino com a presença do texto como objeto deste ensino? Ou, em outras palavras, como se deu e se dá a presença deste "estranho no ninho"? Na escola, como vimos, o que é hipótese na ciência vira verdade absoluta; conteúdos de ensino não vivem na provisoriedade da ciência; seu papel de "transmissora" exige da escola que tome algo pronto cá e o passe para lá como tal. Como se tem feito isso com textos?

Nem sempre o texto teve a relevância que tem hoje no ensino de língua portuguesa. Nem por isso deixou de estar presente, mas sua presença tinha uma forma de inserção muito particular. Mesmo com a predominância do ensino gramatical ("o verdadeiro conteúdo do ensino" das aulas de português), o texto aparece como um *modelo*, em vários sentidos:

1. *objeto de leitura vozeada* (ou oralização do texto escrito): recomendava-se que o professor lesse o texto em voz alta, para toda a classe; depois, chamava-se aluno por aluno para ler partes do texto. Lia melhor quem melhor se aproximava do modelo, isto é, da leitura do professor;

2. *objeto de imitação*: o texto era lido como modelo para a produção de textos dos alunos. Já no livro didático de Júlia Lopes Almeida, cuja 7.ª edição é de 1911, no texto *Nossa língua*, se pode ver na fala do velho mestre que visita a escola:

> Na mocidade, nos dias que vêm perto, apercebei-vos de bons livros: lêde clássicos.
> Falar bem a língua materna, não é uma prenda, é um dever. Cumpri-o.
>
> (Almeida, 1911: 13)

ou seja, ler textos para falar bem a língua. Mas também na escrita ocorre o mesmo:

> Quero começar pela lembrança de um antigo professor meu de ginásio, no que hoje corresponderia às sétima e oitava séries do primeiro grau e à primeira série do segundo grau. Minha intenção é a de refletir teoricamente sobre uma prática real que, apesar de problemática, possui no curso de meu aprendizado da gramática e da produção de textos um papel decisivo.
> Esse professor, Padre José de Matos, não dispunha de maior teoria gramatical que a adquirida nos estudos de latim e grego. Sua concepção de produção de textos seria certamente considerada hoje "retrógrada" e

"equivocada", quando não "elitista" e "fascista". De fato, ele avaliava a qualidade dos textos por certos valores bem fixos, que tomava à "Arte de Escrever" de Albalat: clareza, concisão, originalidade. Tinha, como o velho Albalat, uma fascinação pela prosa realista de um Flaubert ou, no caso do português, de um Eça de Queirós. Propunha-se, como objetivo fundamental dos estudos gramaticais e da redação, levar-nos, seus alunos, o mais próximo possível do estilo desses "mestres". Um dos seus exercícios favoritos era o de "desmanchar" pequenos textos do Eça e propô-los à reconstrução dos alunos. *O campeão*, premiado com a melhor avaliação e com a melhor posição na sala de aula (onde havia a "cabeça" da fila, para o melhor, e o "rabo", para o pior), *era quem mais se aproximasse, ao refazer o texto, da versão original.*

(Franchi, 1988: 27 — grifos meus)[11]

3. objeto de uma fixação de sentidos: o significado de um texto será aquele que a leitura privilegiada do professor ou do crítico de seu gosto disse que o texto tem. Não se lia o texto, no sentido que hoje damos à leitura como produção de sentidos com base em pistas fornecidas pelo texto e no estudo destas pistas; em geral, lia-se *uma* leitura do texto.

No esquema reprodutor, a melhor leitura tem sido a leitura feita por uma autoridade x, que é tomada como modelo estrito. Daí se reproduzir a mesma leitura através dos anos e apesar dos leitores. Assim, pelo conceito de autoridade, há um deslize entre a função crítica e a censura, ou melhor, desliza-se da crítica para a censura. O que reverte em prejuízo do próprio papel do crítico — e, conseqüentemente, impede a possibilidade de se instaurar o leitor sujeito — pois desloca-se a natureza da sua (do crítico) atividade: toma-se o crítico como juiz, como censor, imobilizando-o em um momento dado de sua história de leituras. Não se dá ao "modelo" um direito elementar, que faz parte do cotidiano de qualquer leitor: o de ler o mesmo texto de formas diferentes. Ele acaba por comprometer-se com uma leitura e a protegê-la institucionalmente. Por reflexo, tira-se também do leitor o que se tirou do crítico, isto é, sua dinâmica: o leitor fica obrigado a reproduzir o seu modelo de leitura, custe o que custar. O que, em geral, custa a sua capacidade de reflexão.

(Orlandi, 1984: 8-9)

Estas três formas de inserção do texto na atividade de sala de aula são suficientes para mostrar como tornar *uno* o que, por princípio, poderia levar à pluralidade. Fixa-se a dinamicidade; torna-se produto pronto, acabado, o que era possibilidade.

É preciso distinguir, no entanto, que as formas de apropriação das reflexões sobre o texto permitiram uma virada, ao menos em nível de proposta, à medida que se vulgarizaram as reflexões que apontam para a produção de sentidos, para a importância de conhecimentos prévios do leitor, para os "espaços em branco" do texto, para suas virtualidades. A escola passa a admitir (uma atualização no "eixo epistemológico") que o sentido que vale é aquele que lhe atribui o leitor: como contraponto "revolucionário" a tudo o que era anterior, o texto e as leituras que lhe são previstas desaparecem em benefício do sentido que lhe atribui o leitor em *suas leituras*. Uma forma de inserção do texto, com uma ideologia de que tudo vale, que paradoxalmente faz desaparecer o próprio objeto de leitura.

Isto demanda que aprofundemos um pouco mais a questão das possibilidades de leituras. Façamos isso lançando mão da noção de interpretante de Peirce, a que já fizemos referência ao tratarmos da historicidade da linguagem.

Talvez o esquema mais sugestivo do funcionamento dos signos lingüísticos (e do signo em geral) ainda seja, sob vários aspectos, o de Peirce. Um signo ou "representamen" é "uma coisa ligada, sob um certo aspecto, a um segundo signo, seu 'objeto', de tal modo que relaciona uma terceira coisa, seu 'interpretante', com este objeto de modo a relacionar uma quarta coisa com o mesmo objeto e assim por diante ad infinitum..."
Uma imagem gráfica deste funcionamento seria dada, por exemplo, pelo desenho abaixo:

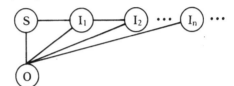

(Granger, 1968: 136-137)

Ora, como um texto (tal como o delimitamos aqui) é uma seqüência verbal, portanto de signos, cada um deles abre a possibilidade de inúmeros "interpretantes" entrarem em jogo. A dimensão seqüencial do texto, no entanto, procura assegurar coerência e conexidade (por isso a característica de "coerente" apontada anteriormente) de modo a ir, na abertura, barrando "interpretantes" que poderiam, em princípio, ser chamados a operar na construção do sentido do texto. Esta dimensão seqüencial, como vimos com Simonin (1984), resulta das operações de construção de enunciados que colocam em jogo ancoragens tanto em relação à situação de enunciação quanto em relação ao co-texto lingüístico. O complicador fundamental é que se faz isso para dizer "algo", e este "algo" remete a noções. E todo o esforço de construção é sempre insuficiente para afastar todos os *n* interpretantes, já que no processo de leitura (e o enunciador sabe disso), o leitor poderá lançar mão de interpretantes "não convidados" pelo autor. De outro lado, no processo de produção (e o leitor sabe disso), o autor trabalha de forma a apresentar sua construção como objetiva, mas sua objetividade no que releva dos sistemas de referências é resultante de préconstrutos culturais produzidos na prática social e histórica[12].

Assim, o texto se oferece sempre como uma tensão entre as leituras que lhe são previstas e as leituras que, imprevistas, podem ser construídas. Os sentidos produzidos na leitura resultam de duas dimensões possíveis: uma em que a cooperação do leitor se realiza por sua atenção a seus "deveres filológicos", isto é, de sua tentativa renhida de recuperar com a máxima aproximação possível as estratégias usadas na produção e, com as pistas que as revelam, aproximar-se do sentido que lhe previu o autor; ou seguindo a dinâmica da semiose, ilimitada, produzir infinitos sentidos no contraponto das estratégias de produção e das estratégias de leitura. Na expressão de Eco

...se a corrente das interpretações pode ser infinita, conforme Peirce nos mostrou, o universo do discurso intervém então para limitar o formato da enciclopédia. E um texto outra coisa não é senão a estratégia que constitui o universo das suas interpretações legitimáveis — se não "legítimas". Qualquer outra decisão de usar livremente um texto corresponde à decisão de ampliar o universo do discurso. A dinâmica da semiose ilimitada não o veda, e até chega a encorajálo. Mas cumpre saber se queremos exercitar a semiose ou interpretar um texto.

(Eco, 1979: 44)

Toda esta longa digressão tinha um objetivo: não o esqueçamos. A escola, em sua necessidade eterna de atualização em relação aos produtos da reflexão científica, incorporou as reflexões sobre o leitor e sua participação na construção de sentidos na leitura como um *deus ex-nihilo*, todo-poderoso, que, em face das suas condições de produção de sentidos, passou a produzir todos os sentidos como adequados! Eis mais uma fetichização. Isto nos leva a diagnosticar três formas de inserção do texto como "conteúdo de ensino":

1. a leitura prevista passa a ser a única leitura possível, a que já fizemos referência ao apontar três formas deste processo;

2. o sentido que vale é aquele que lhe atribui, *hic et nunc*, o leitor, erigido em categoria única do processo dialogal em que estaria supostamente envolvido;

3. por fim, o reaparecimento do texto, não com sentido fixo e único, mas como uma das *condições necessárias e fundamentais* à produção de sentidos na leitura; seus espaços em branco aceitos como inevitáveis, em função da natureza do próprio funcionamento da linguagem, com preenchimentos diferenciados não só em conseqüência de diferentes interpretações das estratégias da produção, mas também como conseqüência do pertencimento a universos discursivos diferentes (autor/leitor) e ao uso da linguagem em instâncias diferentes (retome-se o que se disse sobre isso), tem seu preenchimento agenciado a partir do texto e das pistas que este oferece[13].

É do ponto de vista desta terceira forma de inserção do texto nas atividades de sala de aula que me parece possível defender que sua presença pode corroer a identidade do ser professor tal como constituída nos tempos de hoje. Considerando o aluno e cada um deles em particular como sujeito leitor ou como sujeito autor de seus textos, ser professor já não pode mais ser o exercício puro e simples da capatazia (ou o exercício da gerência). É ser do aluno um interlocutor ou mediador entre o objeto de estudos (no caso, o texto) e a aprendizagem que se vai concretizando nas atividades de sala de aula. Cada um sendo um *outro*, portanto uma possível medida, o confronto dos pontos de vista fazem da sala de aula um lugar de produção de sentidos. E esta produção não pode estar totalmente prevista pela "parafernália da tecnologia didática". Os percalços da interlocução, os acontecimentos interativos, passam a comandar a reflexão que fazem, aqui e agora, na sala de aula, os sujeitos que estudam e aprendem juntos.

A questão já não é "corrigir" leituras com base numa leitura privilegiada e apresentada como única; mas também não é admitir qualquer leitura como legitimável (ou legítima), como se o texto não fosse condição necessária à leitura e como se neste o autor não mobilizasse os recursos expressivos em busca de uma leitura possível. Trata-se agora de reconstruir, em face de uma leitura de um texto, a *caminhada interpretativa* do leitor: descobrir por que este sentido foi construído a partir das "pistas" fornecidas pelo texto.

Isto significa se perguntar, no mínimo, que variáveis sociais, culturais e lingüísticas foram acionadas pelo aluno para produzir a leitura que produziu. Isto significa dar atenção ao fato de que a compreensão é uma forma de diálogo. É dar às contrapalavras do aluno, em sua atividade responsiva, a atenção que a palavra merece. É fornecer-lhe contrapalavras que outros leitores deram aos mesmos textos. Não é por nenhuma opção ideológica prévia que é necessário dar a palavra a quem foi silenciado: é uma necessidade lingüística ouvi-la se se quiser compreender a atividade com textos como uma atividade de produção de sentidos.

Recompor a *caminhada interpretativa* do leitor (que, evidentemente, pode ser o professor enquanto leitor dos textos) exige atenção ao acontecimento dialógico que ocorre no interior da sala de aula. É por isso que a presença do texto constrói-se como possibilidade de reapropriação, pelo professor, e pelos alunos, de seu papel produtivo. Por esta via pode se dar a desconstrução da identidade atual (exercício da capatazia) e a construção de uma nova identidade.

É com esta perspectiva, assumindo o movimento como inspiração e a interação como lugar deste movimento, que se traçarão, no próximo capítulo, alternativas para o ensino de língua portuguesa na escola de 1.º grau.

CAPÍTULO 3

NO ESPAÇO DO TRABALHO DISCURSIVO, ALTERNATIVAS

> ... passemos da vida cotidiana da escola real
> para os sonhos da escola possível. Também
> as utopias têm seu lugar na história...
>
> (Mário A. Manacorda)

> A utopia incorpora o desejo e com isso mes-
> mo, por clarificar seu impossível, tem o po-
> der mobilizador.
>
> (Haquira Osakabe)

3.1. Um discurso já com tradição (ou um exercício de montagem)

Pela democratização do ensino, que é uma necessidade e um grande bem, tiveram acesso a ele
largas camadas da população antes marginalizadas. A democratização, *ainda que falsa*, trouxe em

seu bojo outra clientela. De repente, não damos aula só para aqueles que pertencem a nosso grupo social. Representantes de outros grupos estão sentados nos bancos escolares. Cresceu espantosamente, de uns anos para cá, a população escolar brasileira.

Antigamente, os professores eram da "elite" cultural e os alunos, da "elite" social; os alunos aprendiam, apesar das evidentes falhas didáticas; aprendiam muito com professores altamente capazes por vocação e, sobretudo, pelas condições favoráveis: saúde, alimentação, farta possibilidade de leitura. Nos anos 1970-1980, o crescimento da população escolar nas escolas públicas do Estado de São Paulo foi da ordem de 1 milhão e meio de crianças. Esse crescimento foi um primeiro resultado da política educacional do Governo, implantada no período que sucedeu a revolução de 64 em nosso país e que, ampliando o número de anos de escolaridade a um contingente da população, pretendeu fazer passar a idéia de uma educação que se "democratizava", porque fazia aumentar as chances de igualdade de condições. O aumento do número exigiu, em contrapartida, maior quantidade de professores. Onde buscá-los?

O que se viu foi a formação de professores em cursos rápidos, sem maior embasamento teórico. Como a seleção de conteúdos supõe uma escolha de porções significativas do conhecimento, a serem tratados para atingir determinados objetivos, e como o aumento da rede de escolas públicas concretamente se traduziu em prédios escolares improvisados, sem equipamento e sem segurança e o aumento das crianças nas salas de aula significou a multiplicação dos períodos de funcionamento da escola fazendo surgir, por exemplo, o "período intermediário", impôs-se a criação de mecanismos de controle do processo, provocando a burocratização do ensino. A escola supostamente teria como objetivo a sistematização do conhecimento resultante da reflexão assistemática, circunstancial, fortemente marcada pela intuição e pelas sucessivas construção e destruição de hipóteses. Mas a instituição escolar, incapaz de tolerar tais idas e vindas, porque adepta de uma forma de conceber o conhecimento como algo exato e cumulativo, pretensamente científico, não pode abrir mão de, didaticamente, tentar ordenar e disciplinar esta aprendizagem. Diga-se de passagem, menos por crença do que pela necessidade de controlá-la em si e nos seus resultados: as regras do jogo escolar valorizam a "disciplina" e a cavilosidade burocrática em detrimento da iniciativa pessoal.

Assim, a solução para o despreparo do professor, em dado momento, pareceu simples: bastaria oferecer-lhe um livro que, sozinho, ensinasse aos alunos tudo o que fosse preciso. Os livros didáticos seriam de dois gêneros: verdadeiros livros de textos para os alunos, e livros-roteiros para os professores, para que aprendessem a servir-se bem daqueles. Automatiza-se, a um tempo, o mestre e o aluno, reduzidos a máquinas de repetição material.

Na escola atual, o ensino começa pela síntese, pelas definições, pelas generalizações, pelas regras abstratas. O fruto desse processo irracional é digno do método, que sistematiza assim a mecanização da palavra, descendo-a da sua natural dignidade, para a converter numa idolatria automática do fraseado.

Acredita-se ainda que o processo de ensinar está em definir. Tal orientação claramente privilegia o aprendizado da metalinguagem da língua ou, quando muito, o aprendizado de exercícios estruturais de aplicação de noções e categorias. Privilegia o raciocínio sobre a abstração e conseqüentemente sobre o aspecto formal, universal, uno e regular da língua em detrimento do raciocínio sobre o concreto, o historicamente definido, o aspecto múltiplo e contraditório da língua enquanto discurso e enunciação. Que o ensino da língua não se confunde com o ensino da gramática, não é lícito contestar. Porque uma coisa é saber a língua, isto é, dominar as habilidades de uso da língua em situações concretas de interação, entendendo e produzindo enunciados, percebendo as diferenças entre uma forma de expressão e outra. Outra coisa é saber analisar uma língua dominando conceitos e metalinguagens a partir dos quais se fala sobre a língua.

No entanto, é de definições, de classificações, de preceitos dogmáticos que se entretece todo este ensino. Em todo esse longo e penoso curso de trabalhos que nos consomem o melhor do tempo nos primeiros anos de estudo regular, não se sente, não há, não passa o mais leve movimento de vida. Só línguas mortas são retratáveis num *corpus* fechado de regras. Desta falsíssima preocupação de ensinar a língua viva do nosso berço como os idiomas extintos, dos quais só pelos livros se pode adquirir o cabedal, procede esse monstruoso sistema, que, torturando a puerícia, não lhe deixa no entendimento uma infinitésima partícula sequer de saber útil.

Confunde-se estudar a língua com estudar Gramática, e a gramática, tal qual de ordinário se cursa nas escolas, não só não interessa à infância, não só, enquanto aos benefícios que se lhe atribuem, se reduz a uma influência totalmente negativa, senão que onde atua positivamente, é como elemento de antagonismo ao desenvolvimento intelectual do aluno.

Todo o menino que vem sentar-se nos bancos de uma escola traz consigo, sem consciência de tal, o conhecimento prático dos princípios da linguagem, o uso dos gêneros, dos números, das conjugações, e, sem sentir, distingue as várias espécies de palavras. É a gramática natural, o sistema de regras que formam a estrutura da língua, e que os falantes interiorizam ouvindo e falando.

De duas perspectivas diferentes pode ser encarada, então, uma língua: ou ela é vista como instrumento de comunicação, como meio de troca de mensagens entre as pessoas, ou é ela tomada como objeto de estudo, como um sistema cujos mecanismos estruturais se procura identificar e descrever. Resultam daí dois objetivos bem diferentes a que se pode propor um professor no ensino de uma língua: ou o objetivo será desenvolver no aluno as habilidades de expressão e compreensão de mensagens — *o uso da língua* — ou o objetivo será o conhecimento do sistema lingüístico — *o saber a respeito da língua.*

É exercendo a linguagem que o aluno se preparará para deduzir ele mesmo a teoria de suas leis. Não aterrá-lo com o aparato de uma ciência, que disfarça a sua esterilidade sob a fantasmagoria das palavras, mas simplesmente induzi-lo a adquirir concepção racional do que já sabe por hábito, e repete maquinalmente. Aprender a respeito da língua, tomar consciência dos mecanismos estruturais do sistema lingüístico deve ser etapa posterior: levar o aluno à consciência da língua só depois de ter ele a posse da língua.

O aluno, costumado, desde as primeiras ocupações sérias da vida, a salmodiar, na escola, enunciados que não percebe, a repetir passivamente juízos alheios, a apreciar, numa linguagem que não entende, assuntos estranhos a sua observação pessoal; educado, em suma, na prática incessante de copiar, conservar e combinar palavras, com absoluto desprezo do seu sentido, inteira ignorância da sua origem, total indiferença aos seus fundamentos reais, o cidadão encarna em si uma segunda natureza, assinalada por hábitos de impostura, de cegueira, de superficialidade. Ao deixar a escola, descarta-se quase sempre, e para sempre, "dessa bagagem". Felizmente.

A gente tá aprendendo é... como é que fala? É pronomes, frases... agente da passiva. Essas coisas assim.

... não lembro o nome ... é do núcleo, sabe? Tem predicado, essas coisas, lá ... Tem mais um negócio lá que eu não lembro.

Felizes de nós, se pudéssemos sacudir, às portas da escola, como o pó dos sapatos, a aravia das fórmulas gramaticais, sem trazer no espírito vestígios desse ensino malfazejo! Raros são os que tal fortuna possam lograr, e bem diversa é a sorte da quase totalidade daqueles que atravessam esse duro tirocínio. A terminologia gramatical esqueceu-se. Mas os maus hábitos contraídos ficaram. O primeiro é o enjôo pelo estudo, o desamor das letras, a repugnância ao trabalho mental.

Essa exclusiva soberania, esse culto religioso da educação mecânica floresce entre nós como em parte nenhuma. Lavra como peste da escola às faculdades. Passa da cartilha às apostilas acadêmicas. E não só em gramática. Também o que se lê, um universo empobrecido, entre outras razões porque desambigüizado, o universo para o qual aponta a literatura escolar. Esse empobrecimento pode ser considerado o primeiro traço que jovens leitores aprendem em manuais e antologias e que, repetido ao longo da vida escolar, pode incapacitá-los permanentemente para a fruição de obras que não sigam à risca o modelo proposto pela cartilha escolar.

Não é a gramática abstrata, mas a vida em comum que nos deu uma língua comum. Ensinar a língua é ampliar a experiência do aluno com a nossa.

Por isso, importa ensinar a língua e não a gramática, pois esta deve constituir um dos meios para alcançar o objetivo que se tem em mira. Para tanto, é preciso afastar a estereotipia. A força dos estereótipos está em fazer com que por eles o indivíduo não só se incorpore aos demais códigos sociais como, de alguma forma, consinta na identidade que eles lhe conferem. Um dado, porém, parece perturbar essa tendência estabilizadora: o acidente, o fortuito, aquilo que, ocorrendo à margem do modelo da estereotipia, coloca o indivíduo em tensão com a sua própria identidade social. Neste ponto, pode-se afirmar que o indivíduo vive sempre essa crise entre uma identidade conferida e estável e as alterações que a experiência acidental e imprevisível lhe proporciona. A educação social, sistemática ou não, tende por isso mesmo (na progressão geométrica da força de seus próprios mecanismos de controle) a apaziguar essa tensão, substituindo sua expressão informulada e individual por um discurso explicativo já formulado.

Para isso, é preciso fazer perguntas. E por que procurar entender as coisas? Qual a nossa motivação para investigar, pensar e falar? Quando o homem assume seu caráter errante, viajando através das suas caravelas, dos seus telescópios, dos seus microscópios, das suas naves espaciais, não para conquistar e parar, mas simplesmente para descobrir, inclusive a si mesmo, para se descobrir um ser viajante, ele liga o espaço com o tempo no acontecimento da sua viagem. Viagem que se dá também nas suas práticas de linguagem.

Assumamos a utopia, e vamos ver que, em decorrência dela, o ensino de língua será a própria prática da linguagem instalada, no plano do desejo de cada sujeito em processo, visando à conquista de uma certeza: a da sua não inserção no quadro das tranqüilidades que o ajuste social lhe confere. O ensino da língua deixaria de ser de reconhecimento e reprodução passando a um ensino de conhecimento e produção, em que o exercício sistemático só lhe conferiria maiores condições de formar sua identidade, cambiante que fosse. E o ensino da literatura passaria a ser vivenciamento da obra literária enquanto experiência transformadora e não simplesmente como a assimilação de mecanismos codificados de escuta e apreciação.

3.1'. Um discurso já com tradição (a montagem com seus personagens)[1]

"Pela democratização do ensino, que é uma necessidade e um grande bem, tiveram acesso a ele largas camadas da população antes marginalizadas" (Back, 1987: 13). "A democratização, *ainda que falsa*, trouxe em seu bojo outra clientela. De repente, não damos aula só para aqueles que pertencem a nosso grupo social. Representantes de outros grupos estão sentados nos bancos escolares" (Geraldi, 1981: 8). "Cresceu espantosamente, de uns anos para cá, a população escolar brasileira" (Molina, 1987: 26).

"Antigamente, os professores eram da 'elite' cultural e os alunos, da 'elite' social; os alunos aprendiam, apesar das evidentes falhas didáticas; aprendiam muito com professores altamente capazes por vocação e, sobretudo, pelas condições favoráveis: saúde, alimentação, farta possibilidade de leitura" (Back, 1987: 13). "Nos anos 1970-1980, o crescimento da população escolar nas escolas públicas do Estado de São Paulo foi da ordem de 1 milhão e meio de crianças. Esse crescimento foi um primeiro resultado da política educacional do Governo, implantada no período que sucedeu a revolução de 64 em nosso país e que, ampliando o número de anos de escolaridade a um contingente da população, pretendeu fazer passar a idéia de uma educação que se 'democratizava' porque fazia aumentar as chances de igualdade de condições" (Silva, 1986: 11). "O aumento do número exigiu, em contrapartida, maior quantidade de professores. Onde buscá-los?" (Molina, 1987: 26).

"O que se viu foi a formação de professores em cursos rápidos, sem maior embasamento teórico" (Molina, 1987: 26). Como "a seleção de conteúdos supõe uma escolha de porções significativas do conhecimento, a serem tratados para atingir determinados objetivos" (Bittencourt, 1981), e como "o aumento da rede de escolas públicas concretamente se traduziu em prédios escolares improvisados, sem equipamento e sem segurança" e "o aumento das crianças nas salas de aula significou a multiplicação dos períodos de funcionamento da escola fazendo surgir, por exemplo, o 'período intermediário', impôs-se a criação de mecanismos de controle do processo, provocando a burocratização do ensino" (Silva, 1986: 12).

"A escola supostamente teria como objetivo a sistematização do conhecimento resultante da reflexão assistemática, circunstancial, fortemente marcada pela intuição e pelas sucessivas construção e destruição de hipóteses." Mas "a instituição escolar, incapaz de tolerar tais idas e vindas, porque adepta de uma forma de conceber o conhecimento como algo exato e cumulativo, pretensamente científico, não pode abrir mão de, didaticamente, tentar ordenar e disciplinar esta aprendizagem. Diga-se de passagem, menos por crença do que pela necessidade de controlá-la em si e nos seus resultados" (Ruiz et al., 1986: 85): "as regras do jogo escolar valorizam a 'disciplina' e a cavilosidade burocrática em detrimento da iniciativa pessoal" (Ilari, 1985: 43).

Assim, "a solução para o despreparo do professor, em dado momento, pareceu simples: bastaria oferecer-lhe um livro que, sozinho, ensinasse aos alunos tudo o que fosse preciso" (Molina, 1987: 26-27). "Os livros didáticos seriam de dois gêneros: verdadeiros livros de textos para os alunos, e livros-roteiros para os professores, para que aprendessem a servir-se bem daqueles" (Comenius, 1627: XXXII-15). "Automatiza-se, a um tempo, o mestre e o aluno, reduzidos a máquinas de repetição material" (Rui Barbosa, 1883: 37).

"Na escola atual, o ensino começa pela síntese, pelas definições, pelas generalizações, pelas regras abstratas" (Rui Barbosa, 1883: 54). "O fruto desse processo irracional é digno do método, que sistematiza assim a mecanização da palavra, descendo-a da sua natural dignidade, para a converter numa idolatria automática do fraseado" (Rui Barbosa, 1883: 227).

"Acredita-se ainda que o processo de ensinar está em definir" (Rui Barbosa, 1883: 236). "Tal orientação claramente privilegia o aprendizado da metalinguagem da língua ou, quando muito, o aprendizado de exercícios estruturais de aplicação de noções e categorias. Privilegia o raciocínio sobre a abstração e conseqüentemente sobre o aspecto formal, universal, uno e regular da língua em detrimento do raciocínio sobre o concreto, o historicamente definido, o aspecto múltiplo e contraditório da língua enquanto discurso e enunciação" (Silva, 1986: 36). "Que o ensino da língua não se confunde com o ensino da gramática, não é lícito contestar" (Rui Barbosa, 1883: 218-219). Porque "uma coisa é saber a língua, isto é, dominar as habilidades de uso da língua em situações concretas de interação, entendendo e produzindo enunciados, percebendo as diferenças entre uma forma de expressão e outra. Outra coisa é saber analisar uma língua dominando conceitos e metalinguagens a partir dos quais se fala sobre a língua" (Geraldi, 1981: 11).

No entanto, "é de definições, de classificações, de preceitos dogmáticos que se entretece todo este ensino. Em todo esse longo e penoso curso de trabalhos que nos consomem o melhor do tempo nos primeiros anos de estudo regular, não se sente, não há, não passa o mais leve movimento de vida" (Rui Barbosa, 1883: 227). "Só línguas mortas são retratáveis num corpus fechado de regras" (Luft, 1985: 23). "Desta falsíssima preocupação de ensinar a língua viva do nosso berço como os idiomas extintos, dos quais só pelos livros se pode adquirir o cabedal, procede esse monstruoso sistema, que, torturando a puerícia, não lhe deixa no entendimento uma infinitésima partícula sequer de saber útil" (Rui Barbosa, 1883: 223).

"Confunde-se estudar a língua com estudar Gramática" (Luft, 1985: 22), e "a gramática, tal qual de ordinário se cursa nas escolas, não só não interessa à infância, não só, enquanto aos benefícios que se lhe atribuem, se reduz a uma influência totalmente negativa, senão que onde atua positivamente, é como elemento de antagonismo ao desenvolvimento intelectual do aluno" (Rui Barbosa, 1883: 222).

"Todo o menino que vem sentar-se nos bancos de uma escola traz consigo, sem consciência de tal, o conhecimento prático dos princípios da linguagem, o uso dos gêneros, dos números, das conjugações, e, sem sentir, distingue as várias espécies de palavras" (Rendu, 1857, apud Rui Barbosa, 1883: 223). É "a gramática natural, o sistema de regras que formam a estrutura da língua, e que os falantes interiorizam ouvindo e falando" (Luft, 1985: 21).

"De duas perspectivas diferentes pode ser encarada, então, uma língua: ou ela é vista como instrumento de comunicação, como meio de troca de mensagens entre as pessoas, ou é ela tomada como objeto de estudo, como um sistema cujos mecanismos estruturais se procura identificar e descrever. Resultam daí dois objetivos bem diferentes a que se pode propor um professor no ensino de uma língua: ou o objetivo será desenvolver no aluno as habilidades de expressão e compreensão de mensagens — *o uso da língua* — ou o objetivo será o conhecimento do sistema lingüístico — *o saber a respeito da língua*" (Soares, 1974: 24).

"É exercendo a linguagem que (o aluno) se preparará para deduzir ele mesmo a teoria de suas leis" (Rui Barbosa, 1983: 244). "Não aterrá-lo com o aparato de uma ciência, que disfarça a sua esterilidade sob a fantasmagoria das palavras, mas simplesmente induzi-lo a adquirir concepção racional do que já sabe por hábito, e repete maquinalmente" (Rendu, 1857, apud Rui Barbosa, 1883: 223-224). "Aprender a respeito da língua, tomar consciência dos mecanismos estruturais do sistema lingüístico deve ser etapa posterior: levar o aluno à consciência da língua só depois de ter ele a posse da língua" (Soares, 1974: 24).

O aluno, "costumado, desde as primeiras ocupações sérias da vida, a salmodiar, na escola, enunciados que não percebe, a repetir passivamente juízos alheios, a apreciar, numa linguagem que não entende, assuntos estranhos a sua observação pessoal; educado, em suma, na prática incessante de copiar, conservar, e combinar palavras, com absoluto desprezo do seu sentido, inteira ignorância da sua origem, total indiferença aos seus fundamentos reais, o cidadão encarna em si uma segunda natureza, assinalada por hábitos de impostura, de cegueira, de superficialidade" (Rui Barbosa, 1883: 229). "Ao deixar a escola, descarta-se quase sempre, e para sempre, 'dessa bagagem' " (Rui Barbosa, 1883: 227). Felizmente.

"A gente tá aprendendo é ... como é que fala? É pronomes, frases ... agente da passiva. Essas coisas assim." (depoimento de aluno, Beltran, 1989: 45)

"... não lembro o nome ... é do núcleo, sabe? Tem predicado, essas coisas, lá ... Tem mais um negócio lá que eu não lembro." (depoimento de aluno, Beltran, 1989: 47)

"Felizes de nós, se pudéssemos sacudir, às portas da escola, como o pó dos sapatos, a aravia das fórmulas gramaticais, sem trazer no espírito vestígios desse ensino malfazejo! Raros são os que tal fortuna possam lograr, e bem diversa é a sorte da quase totalidade daqueles que atravessam esse duro tirocínio. A terminologia gramatical esqueceu-se. Mas os maus hábitos contraídos ficaram. O primeiro é o enjôo pelo estudo, o desamor das letras, a repugnância ao trabalho mental" (Rui Barbosa, 1883: 228).

"Essa exclusiva soberania, esse culto religioso da educação mecânica floresce entre nós como em parte nenhuma. Lavra como peste da escola às faculdades. Passa da cartilha às apostilas acadêmicas" (Rui Barbosa, 1883: 46). E não só em gramática. Também o que se lê, "um universo empobrecido, entre outras razões porque desambigüizado, o universo para o qual aponta a literatura escolar. Esse empobrecimento pode ser considerado o primeiro traço que jovens leitores apreendem em manuais e antologias e que, repetido ao longo da vida escolar, pode incapacitá-los permanentemente para a fruição de obras que não sigam à risca o modelo proposto pela cartilha escolar" (Lajolo, 1982: 29).

"Não é a gramática abstrata, mas a vida em comum que nos deu uma língua comum. Ensinar a língua é ampliar a experiência do aluno com a nossa" (Lombardo-Radice, 1919: 172).

Por isso, "importa ensinar a língua e não a gramática, pois esta deve constituir um dos meios para alcançar o objetivo que se tem em mira" (Secretaria da Educação do Estado de Minas Gerais,

Portaria n.º 85, 13-03-48). Para tanto, é preciso afastar a estereotipia. "A força dos estereótipos está em fazer com que por eles o indivíduo não só se incorpore aos demais códigos sociais como, de alguma forma, consinta na identidade que eles lhe conferem. Um dado, porém, parece perturbar essa tendência estabilizadora: o acidente, o fortuito, aquilo que, ocorrendo à margem do modelo da estereotipia, coloca o indivíduo em tensão com a sua própria identidade social. Neste ponto, pode-se afirmar que o indivíduo vive sempre essa crise entre uma identidade conferida e estável e as alterações que a experiência acidental e imprevisível lhe proporciona. A educação social, sistemática ou não, tende por isso mesmo (na progressão geométrica da força de seus próprios mecanismos de controle) a apaziguar essa tensão, substituindo sua expressão informulada e individual por um discurso explicativo já formulado" (Osakabe, 1988: 58).

Para isso, é preciso fazer perguntas. "E por que procurar entender as coisas? Qual a nossa motivação para investigar, pensar e falar? Quando o homem assume seu caráter errante, viajando através das suas caravelas, dos seus telescópios, dos seus microscópios, das suas naves espaciais, não para conquistar e parar, mas simplesmente para descobrir, inclusive a si mesmo, para se descobrir um ser viajante, ele liga o espaço com o tempo no acontecimento da sua viagem. Viagem que se dá também nas suas práticas de linguagem" (Bernardo, 1988: 103/123).

Assumamos a utopia, e vamos ver que, "em decorrência dela, o ensino de língua será a própria prática da linguagem instalada, no plano do desejo de cada sujeito em processo, visando à conquista de uma certeza: a da sua não inserção no quadro das tranqüilidades que o ajuste social lhe confere. O ensino da língua deixaria de ser de reconhecimento e reprodução passando a um ensino de conhecimento e produção, em que o exercício sistemático só lhe conferiria maiores condições de formar sua identidade, cambiante que fosse. E o ensino da literatura passaria a ser vivenciamento da obra literária enquanto experiência transformadora e não simplesmente como a assimilação de mecanismos codificados de escuta e apreciação" (Osakabe, 1988: 59).

3.2. Do reconhecimento ao conhecimento; da reprodução à produção

Parece que a crítica aos métodos e programas de ensino de língua materna é tão antiga quanto sua introdução como "matéria" do currículo escolar, tal como a conhecemos. O exercício do item anterior retoma mais de um século de críticas. Pincei afirmações de diferentes lugares e de diferentes épocas, inspiradas em diferentes perspectivas. Explicar o porquê de estas críticas serem falas sem escuta demandaria correlacionar tais falas a suas épocas, ao quadro dentro do qual se constituíram, aos objetivos do ensino de língua materna e aos objetivos mais gerais através dos quais se definiram as funções da escola nestas épocas.

Evidentemente, as passagens, retiradas de seus contextos e patrocinadas pela voz que as une em novo contexto, obedeceram a uma seleção não ingênua: elas respondem a uma reação, minha, às enunciações que, transmitidas neste novo contexto, pedem ao leitor cuidado: as vozes diluídas na voz que as cita foram usadas para transmitir uma perplexidade e escapar a uma obrigação: a obrigação de fazer (ou refazer, caminho mil vezes traçado) uma crítica às práticas correntes, como justificativa para pensar caminhos alternativos; a perplexidade de perceber a morosidade da escuta.

Dispenso-me daquela obrigação pelo exercício de condução de vozes de autores que, evidentemente, não tinham a mesma concepção da educação e da função da escola e, portanto, concebiam de diferentes formas o fracasso do ensino de língua portuguesa. Sobre minha perplexidade, gostaria de levantar dois aspectos que, complementados pelos estudos apontados, me parece deverão ser considerados na tentativa, a fazer, de uma explicação da marginalidade destas falas.

1. A salutar mas também pesada herança dos estudos clássicos de línguas mortas inspirou tanto as descrições lingüísticas de línguas vivas quanto a forma de conhecê-las na escola. Ao tempo da inclusão das línguas vernaculares no ensino, o prestigioso era estudar as línguas clássicas. O latim ainda era a língua corrente nas ciências. Seu ensino tinha maior tradição. Mesmo na defesa comeniana do ensino das línguas vernáculas se pode verificar este prestígio (resultado de o latim ser a língua das ciências):

> nosso método universal não aspira apenas a possuir essa *ninfa, geralmente objecto de um ardente amor, que é a língua latina*, mas procura também o caminho a

> seguir para que possam dominar-se igualmente as línguas vernáculas de todos os povos (para que todos os espíritos louvem, cada vez mais, o Senhor).
> (Comenius, 1627: XXIX-3 — grifos meus)

Neste contexto, refletir sobre a língua materna seguiu os moldes dos estudos que se faziam de uma língua morta. Abre-se assim a possibilidade de instauração de um esquecimento que perdura até nossos dias: o de que as crianças falavam/falam a língua que estudavam/estudam.

> querer ensinar uma língua estrangeira a quem *não domina ainda a sua língua nacional* é como querer ensinar equitação a quem não sabe ainda caminhar.
> (Comenius, 1627: XXIX-4 — grifos meus)

Outra fosse a inspiração, por exemplo as escolas gregas ou romanas, outros talvez fossem os temas destes estudos: a "arte de bem falar", talvez. Mas a esse tempo, a Retórica já começava a ser suplantada pelas ciências e estas se exprimiam em latim[2]. Lembremos também que uma das formas de legitimação de uma das variedades das línguas vernáculas como *a* língua foi sua associação à tradição greco-latina[3].

2. O segundo aspecto é, em certo sentido, uma decorrência do primeiro. Tal como a língua modelo (latim ou grego), a língua do presente (na variedade de prestígio que se firmava) era tomada como *pronta, acabada,* cabendo a seus falantes não um papel ativo de produção de linguagem, mas um papel de apropriação do já pronto ou de correção de desvios (o desvio sendo a fala que não seguisse as regras da língua, definidas estas pelo

modelo da gramática latina, a que a variedade de prestígio, para construir seu prestígio, se "conformava"). Nega-se ao fazer do presente seu caráter de história; cristaliza-se no passado (de ascendência ilustre) o trabalho lingüístico produtivo, reduzindo-se o trabalho do aqui e agora à retomada deste trabalho do passado. Paradoxalmente, em nome da história, nega-se a historicidade do fato presente, do acontecimento produtivo, do acidente.

Somados estes dois aspectos aos processos de passagem dos produtos do trabalho científico a conteúdos de ensino, passagem que se faz por uma seleção, organização e seriação, com exclusão da historicidade dos próprios conceitos produzidos na reflexão científica, temos pronto o pano de fundo para que o ensino de língua materna não se inspire na prática de linguagem de alunos e professores: é preciso que o ensino se dê "em terra firme", sem lugar para o movimento, para as utopias, para a construção. Em nome do afastamento necessário do "espontaneísmo" na educação (como se este fosse possível numa escola que é também forma de concretização da sociedade mais ampla e de suas formas de ver o mundo), solidificam-se como verdade conceitos que estão na verdade de um tempo.

Esta inspiração básica que comanda o processo de ensino (o deslocamento do movimento e da historicidade) transforma o emprego da língua em aprendizagem do emprego de formas lingüísticas.

As alternativas que proponho, a partir daqui, não devem ser entendidas como formas de facilitação, mas como formas, entre outras, de inserção das atividades lingüísticas de sujeitos historicamente situados e datados como o lugar da ação e como o objeto da ação do ensino de língua materna.

3.2.1. A produção de textos

Considero a produção de textos (orais e escritos) como ponto de partida (e ponto de chegada) de todo o processo de ensino/aprendizagem da língua. E isto não apenas por inspiração ideológica de devolução do direito à palavra às classes desprivilegiadas, para delas ouvirmos a história, contida e não contada, da grande maioria que hoje ocupa os bancos escolares. Sobretudo, é porque no texto que a língua — objeto de estudos — se revela em sua totalidade quer enquanto conjunto de formas e de seu reaparecimento, quer enquanto discurso que remete a uma relação intersubjetiva constituída no próprio processo de enunciação marcada pela temporalidade e suas dimensões.

A escolha de um tal centro, de imediato, nos coloca no interior de uma discussão relativa ao *sujeito* e seu trabalho de produção de discursos, concretizados nos textos. A aposta pode parecer ingênua para aqueles que enquadram todo o discurso no interior de uma determinada *formação discursiva*, dentro da qual nada de novo se diria e apenas se repetiria o já dito. Como vimos em 1.3., não se aposta nesta perspectiva, mas também não se acredita no sujeito como fonte *ex-*

nihilo de seus discursos e seus sentidos. Na produção de discursos, o sujeito articula, aqui e agora, um ponto de vista sobre o mundo que, vinculado a uma certa formação discursiva, dela não é decorrência mecânica, seu trabalho sendo mais do que mera reprodução: se fosse apenas isso, os discursos seriam sempre idênticos, independentemente de quem e para quem resultam. Minha aposta não significa que o sujeito, para se constituir como tal, deva *criar* o novo. A novidade, que pode estar no reaparecimento de velhas formas e de velhos conteúdos, é precisamente o fato de o sujeito *comprometer-se* com sua palavra e de sua *articulação* individual com a formação discursiva de que faz parte, mesmo quando dela não está consciente.

É este compromisso e esta articulação a novidade de cada discurso, e do texto dele decorrente. Isto não se faz impunemente em dois sentidos diferentes: de um lado relativamente aos sujeitos que estão sendo sempre interrogados pela *doutrina*, no sentido de suas falas com ela se coadunarem; por outro lado as diferentes articulações são também responsáveis pela produção de novos sentidos (ainda que para expressões velhas) que se somam aos sentidos anteriores, reafirmando-os ou deslocando-os no momento presente. Minha aposta, então, está ligada a este movimento, às vezes imperceptível, que, reafirmando, desloca e que deslocando afirma[4]. É a partir desta perspectiva que estabeleço, no interior das atividades escolares, uma distinção entre *produção de textos* e *redação*. Nesta, produzem-se textos para a escola; naquela produzem-se textos na escola.

Aprofundemos um pouco esta distinção[5]. Mesmo numa conversação banal, não se ocupa um turno de fala gratuitamente, ainda que no turno a razão para falar seja a continuidade da conversação: manter a continuidade já não é gratuito, ainda que seja a gratuidade de conversar o próprio objetivo da conversação em curso. Por mais ingênuo que possa parecer, para produzir um texto (em qualquer modalidade) é preciso que:

a) se tenha o que dizer;

b) se tenha uma razão para dizer o que se tem a dizer;

c) se tenha para quem dizer o que se tem a dizer;

d) o locutor se constitua como tal, enquanto sujeito que diz o que diz para quem diz (ou, na imagem wittgensteiniana, seja um jogador no jogo);

e) se escolham as estratégias para realizar (a), (b), (c) e (d).

A observação mais despretensiosa do ato de escrever para a escola pode mostrar que, pelos textos produzidos, há muita escrita e pouco texto (ou discurso), precisamente porque se constroem nestas atividades, para cada um dos aspectos apontados acima, respostas diferentes daquelas que se constroem quando a fala (e o discurso) é para valer. Consideremos o seguinte exemplo:

Exemplo 1[6]

(Solicita-se às crianças que inventem uma história a partir de gravura existente na cartilha. Esta é uma delas)

O macaco e vovô

vovô é o macaco de boneca.
A boneca menina:
— Vovô, menina a boneca.
O macaco vovô a boneca.
menina dá boneca a vovô.

(de um aluno de 1.ª série, outubro/89,
periferia da cidade de São Paulo)

Antes de mais nada, como condição desencadeadora da produção, pede-se aos alunos que *escrevam* um texto a partir de uma gravura. E aqui se preenchem duas condições apontadas: o que se tem a dizer é uma história suscitada pela gravura, ou seja, não se trata de contar algo vivenciado e que, por extraordinário na cotidianidade, merece, no julgamento do locutor, ser contado para outrem

> já que falar a alguém é reclamar-lhe a atenção, não se pode falar legitimamente a outrem senão daquilo que se considera possa interessar-lhe.
>
> (Ducrot, 1972: 17)

Ora, na expectativa do professor, o que interessaria seria precisamente a história que, inventada a partir da gravura, valeria ser contada. No entanto, o convívio da criança com a escrita em cartilhas mostra-lhe gravuras e, sob elas, designações: desenhos de um balão, embaixo escrito BALÃO; desenho de um bolo, embaixo escrito BO-LO ... A cartilha, de passo em passo, vai mostrando a escrita como ilustração da gravura. Verificar isso não é tão difícil: basta entrar numa sala de aula destinada, enquanto espaço físico, a classes de alfabetização: numa porta, uma folha de papel onde está escrito PORTA; idem para as janelas; idem para os quadros (numa delas encontrei um espelho, com um papel ocupando parte do espelho, escrito ESPELHO). Que tem o aluno a dizer? o que sua experiência com escritas a escola, de um modo geral, lhe mostrou? Ilustrar a gravura com o verbal. É o que faz no nosso exemplo. A razão única que ele pode encontrar para escrever alguma coisa (já que é preciso escrever ... a professora "pediu") é mostrar que sabe escrever (o que é um contra-senso, afinal está na classe para aprender a escrever). Assim, tanto a razão para dizer quanto o que dizer se anulam.

Mas é preciso ir mais longe: a criança já ouviu, a estas alturas seguramente, a leitura de textos; já fez "composições" antes e até, em certos momentos, tentou fazer textos verdadeiros. Daí a organização que imprime à sua seqüência de palavras: elas imitam formalmente um texto; estão presentes sinais de pontuação; o travessão informa que a criança percebeu que em textos ele aparece; há verbos (*é*, *dá*) ausentes quando as palavras ilustram as gravuras de cartilhas.

Qualquer trabalho pedagógico com o texto deste exemplo exige que se ponha sob suspeita:

a) o próprio apelo ao recurso didático da gravura;

b) a própria demanda feita: uma história que se inventa a partir de uma gravura.

Estes dois aspectos estão ligados ao que poderíamos chamar de "conteúdo a dizer" e "razões ou motivações para dizer". A não ser que se aceite a escrita na escola como redação que prepara o aluno para depois (um depois que provavelmente não acontecerá) escrever. É possível contornar esta artificialidade? É possível recuperar, no interior da própria escola, um espaço de interação, onde o sujeito se (des)vela, com uma produção de textos efetivamente assumidos pelos seus autores? Criar condições para tanto parece ser uma necessidade, já que

> É sobretudo o sujeito como paixão que se enuncia no discurso; o que se enuncia é a curiosidade, a solicitude, o entusiasmo, o reconhecimento e também, seguramente, a manipulação e a sedução.
>
> (Parret, 1986: 7)

Exemplo 2[7]

A escola

a secola é bonita e lipa e não pede traze-chiclete e não pe de traze ovo naora do lache tem mutascoza no lache e não po de repiti e ten mutajeteque repétenoloche e trazemateriau na secola e senão aprofesora da chigo. (de um aluno de 1.ª série, outubro/89, periferia da cidade de São Paulo)

Penso que aqui estamos, de fato, diante de um texto, embora se constatem de imediato as dificuldades de seu autor no manuseio de estratégias para realizar seus intentos.

Analisemos um pouco mais demoradamente este texto, tomando como roteiro o que apontávamos como condições para se produzir um texto:

a) *ter o que dizer:* a seqüência de afirmações do aluno articula sua visão da escola e experiências nela vividas:

1. a escola é bonita e limpa
2. não pode trazer chiclete para a escola
3. não pode trazer ovo para o lanche na escola
4. na hora do lanche, há muitas coisas no lanche
5. não pode repetir o lanche
6. tem muita gente que repete o lanche
7. é preciso trazer o material para a escola senão a professora dá xingo.

b) *ter uma razão para dizer o que se tem a dizer:* é bem provável que a razão primeira do aluno é executar uma tarefa que lhe foi solicitada; mas esta tarefa não é assumida como mero preenchimento de um espaço em branco precisamente porque o que o aluno tem a dizer se sobrepõe à razão artificial, criando outras razões que somente poderiam ser confirmadas pelo professor caso lesse o texto como interlocutor do aluno. De qualquer modo, faço aqui um exercício de leitura das motivações possíveis (e não as tomo como reais, o exercício valendo apenas como indicação de leituras efetivas do professor, embora baseie este exercício nas pistas que o texto me oferece):

1. Por que terá dito que "a escola é bonita e limpa"? Por que ele assim a vê, comparando com a beleza e limpeza de outros ambientes que freqüenta (a própria casa, os banheiros públicos, a sua rua, etc.) ou por que quer obter a simpatia do leitor (a professora), que representa concretamente para ele a escola?

2. Por que ele terá escolhido repetir as ordens "não pode trazer chiclete", "não pode trazer ovo", "não pode repetir o lanche" e "trazer o material senão a professora dá xingo"? São quatro regras disciplinares da escola (a estas alturas o aluno já terá aprendido muitas outras regras...). Exemplares, estas regras podem ter sido as que mais lhe chamaram a atenção, talvez até porque ouviu pessoalmente xingamentos por não cumpri-las ou porque presenciou tais xingamentos. Mas o que mais me chama a atenção é o fato de que um aluno, falando da escola, pratica sete atos de fala, mais de metade dos quais são a demonstração para o leitor de que "incorporou" as regras da instituição escolar. Que fique claro: não estou defendendo uma anomia, a inexistência de normas. Estou salientando apenas a *imagem* de escola que concretamente vai-se constituindo para os sujeitos escolarizados.

3. Por que ele terá dito "na hora do lanche, tem muitas coisas no lanche"? Esta informação faz sentido no texto: ela pode ser uma razão para a existência das duas regras anteriormente expressas, mas também pode ser o resultado de uma comparação com outros lanches. Ou ainda uma razão para o não cumprimento da regra expressa no ato de fala (5).

4. Por que terá dito "tem muita gente que repete o lanche"? Trata-se evidentemente de uma denúncia, e talvez esta seja de fato a razão maior de todo o texto: apontar que existem regras que não se cumprem. Observando melhor aspectos formais do texto, se notará que a criança "emenda" palavras, mas é significativo notar que isto

ocorre mais fortemente nesta passagem (note-se que o aluno não desconhece, por exemplo, que se escreve *tem* (e não ten); que lanche é uma palavra independente) mas estes "saberes" não se presentificam em

ten mutajeteque repétenoloche

Por quê? Provavelmente, na oralidade, isto teria sido dito com outra entonação e, talvez, mais rápido e em outro tom em relação ao restante. Aqui, a junção de palavras pode estar refletindo a *tensão* do sujeito que, denunciando, anuncia-se e enuncia-se.

O exercício de reflexão sobre as *motivações* de fala pode ser totalmente desclassificado, já que suas conclusões podem ser verossímeis mas não verdadeiras. Não é a verdade da minha reflexão puntual em relação ao exemplo que importa; importa a lição a tirar da comparação dos dois textos. Num deles, apenas uma experiência escolar, com conseqüências para o aluno; noutro, uma experiência escolar com conseqüências para o sujeito do texto (ao menos do ponto de vista da produção, embora possa não sê-lo do ponto de vista de sua burocratizada leitura).

c) *se tenha para quem dizer:* quem melhor do que uma professora para "tomar as providências", no caso da denúncia em (6)? O grande problema é que o leitor de redações é sempre a função-professor e não o sujeito-professor.

d) *se constitua como locutor que se compromete com o que diz:* se levado a sério, o aluno terá que comprovar o que diz. No caso, das razões para achar bonita e limpa a escola; mostrar que se comporta segundo as regras que incorporou (e quando não o faz, sabe que não o faz); comprovar que tem gente que repete o lanche, etc. As perguntas para que comprove podem não ocorrer, mas sua não ocorrência não isenta o locutor.

e) *escolha das estratégias:* se a leitura que fiz do texto deste aluno tiver algum sentido adequado, o autor foi muito feliz: tentou a sedução pelo elogio; mostrou que incorporou regras de comportamentos; somente depois de falar da "riqueza" do lanche é que aparece a denúncia, a que se lhe segue imediatamente uma outra regra e aqui, do ponto de vista da sedução, um deslize: a professora dá xingo. A professora poderá não gostar de saber disso. Ou se se quiser, em face da presença desta "senão a professora dá xingo", pode-se ver aí outra denúncia. Também se pode ver que o não cumprimento de regras de comportamento tem conseqüências. O aluno terá convivido com não xingamentos, descumprido alguma regra? Impossível responder, mas, felizmente, é provável que sim. Outra leitura possível é a do elogio à professora, porque ela "dá xingo" em quem não cumpe regras: pode então receber a denúncia da "repetição no lanche" e levá-la a sério.

Note-se que uma análise mais ideológica deste texto possivelmente caminharia no sentido de chamar a atenção para a grande presença de regras e para a presença de dedo-durismo. Talvez esta seja uma discussão que a professora possa conduzir na sala de aula. Mas, para mim, não é esta a questão em jogo, ao pensar textos produzidos para a escola. Preocupa-me muito mais, nestes, a ausência de pontos de vista, a ausência de sujeitos que, utilizando-se da modalidade escrita, se (des)velem, até para que as discussões de cunho mais ideológico possam ser levantadas.

Antes de sintetizarmos uma proposta de alternativas para uma produção de textos na escola, tomemos mais dois exemplos, agora de diálogos entre professor e alunos[8].

Exemplo 3[9]

...

T₁ P — Psiu, descrição de pessoa. Eu vou dar um quadro pra vocês e vocês vão completar esse quadro. Eu vou dar uma descrição de um pai. (Depois) cada um vai descrever a sua mãe, preste atenção gente.
(...)
Aqui nós vamos ver o tipo físico dele ... aqui nós vamos ver outros aspectos dele... Bom, no tipo físico esse pai aqui é alto, gordo, loiro, cabelos e olhos castanhos ... depois, ele tem o nariz grande, boca pequena... braços e pernas compridas.
(...)
Agora outro aspecto: ele gosta de se vestir bem, anda com os ombros caídos (...) fala alto, gesticula com as mãos...
(...)

Bom, além disso, podemos ainda falar sobre as preferências do pai. Então poderíamos falar o quê? Seu pai, por exemplo, que ele gosta de fazer?

T$_2$ A — De dormir!

T$_3$ P — Então coloca: ele gosta de dormir, é a descrição, então não vai inventar nada.
Como aqui nós estamos descrevendo de um modo geral eu não peguei um pai definido né, o pai da Ana Cláudia ou do Claudinei, eu peguei um pai assim pra vocês terem uma idéia de como é feita a descrição...
Vocês passam um traço embaixo e escrevem MÃE ou MINHA MÃE ... E aqui vocês vão descrever o tipo físico da mamãe e outros aspectos da mamãe, assim gerais ... Outra coisa: quando vocês forem descrever, prestem atenção, lembrem-se daquele exercício que nós fizemos ...
Olhos pretos como?

T$_4$ A — Carvão.

T$_5$ P — Quem sabe? Fala! Ricardo ... como?

T$_6$ A — Pichi.

T$_7$ P — Piche. Não é pichi. Piche! Olhos pretos como?

T$_8$ A — Jabuticaba.

T$_9$ P — Certo! Olhos verdes como?

T$_{10}$ A — Grama.

T$_{11}$ A — Limão.

T$_{12}$ A — Pêra.

T_{13} A — Árvore.
T_{14} A — Folhas.
T_{15} P — Chega. Agora outra coisa... não quero mais frutas... verdes como?
T_{16} A — Esmeralda.
T_{17} P — Muito bem!

O recorte feito aqui, de dezessete turnos de fala, é retirado de uma aula iniciada com o objetivo de introduzir um "gênero": *a descrição*. Há uma longa exposição, no primeiro turno, da professora. Neste turno, aliando "prática" e "teoria", a professora vai produzindo a descrição de um pai "geral", para mostrar que numa descrição de pessoa se deve levar em conta aspectos físicos e aspectos psicológicos. Interessante é que no T_3, a mesma professora dá à descrição uma característica que destrói (ou destruiria) o texto que vinha produzindo como "modelo"para os alunos, ao dizer que uma das características da descrição é o veto à invenção!

Do final do T_3 ao T_7 há, com extraordinária exemplaridade, a condução à eternização de metáforas e comparações. Não se trata, pois, de "ensinar" descrições; trata-se também de excluir comparações possíveis em benefício de clichês estabelecidos. Provavelmente não é por falta de brilho ao carvão que se exclui a possibilidade de "olhos pretos como carvão"; frutas, ainda que seu verde brilhe, também não pode. Não se pode dizer: "olhos verdes como limão". Afinal, olhos verdes são raros, e só esmeraldas lhes caem bem.

Esta seqüência, na verdade, mostra muito mais do que estes dois elementos quase "superficiais" relativos à descrição e à imposição de clichês: o objetivo que efetivamente se institui é a *fixidez*: só se descreve de um jeito; só se compara como antes já se comparou[10].

Na perspectiva com que estamos olhando a produção de textos, as "instruções" escolares sobre a descrição acabam esquecendo que as atividades discursivas de descrição de um objeto são reguladas

    a) pela finalidade da descrição;
    b) pela natureza do objeto da descrição;
    c) pelos interlocutores a que a descrição se destina;
    d) pelas representações que faz o locutor do objeto que descreve.

Este esquecimento se produz, fundamentalmente, porque na escola os textos não são o produto de um trabalho discursivo, mas exercícios de descrição apenas para "mostrar que aprendeu a descrever".

Miéville (1988), em seu estudo sobre a descrição e a representação, defende o ponto de vista de que a descrição de um objeto resulta da inscrição deste objeto, através de operações discursivas, como pertencente a determinada classe de objetos:

> O sujeito enunciador que elabora progressivamente o objeto de descrição age de maneira a apresentá-la como expressão de uma construção objetiva. Mas a percepção da objetividade do objeto é indissociável daquela do sujeito. Esta a razão por que me parece necessário saber mais sobre as representações daquele que elabora uma descrição.
>
> (Miéville, 1988: 163)

Para o autor, estas representações produzem um "pré-construto cultural" que orienta a atividade descritiva, segundo dois eixos: um *eixo sociológico*, responsável pela prática, pelo ideológico e pelas matrizes culturais, e um *eixo cognitivo*, responsável pelas abstrações, generalizações e simbolizações. Da prática (ou da experiência) o sujeito enunciador busca os exemplos ou acontecimentos conhecidos ou supostamente conhecidos por seus interlocutores que lhe permitem incluir o objeto de descrição num domínio referencial específico. Do ideológico ele busca as noções ou categorias com que interpretamos o mundo e que lhe permitem qualificar o objeto de descrição. Das matrizes culturais o enunciador retira formas de inscrever o objeto de descrição nos modos de pensar e agir de seus interlocutores. Com a abstração projeta o objeto que descreve em certo modelo de realidade. Com a generalização desloca argumentos ou exemplos puntuais, válidos para situações particulares, apresentando sua descrição do objeto como válida em qualquer circunstância. Com a simbolização, reatualiza sua descrição na memória coletiva, progressivamente estruturada pela sociedade em sua relação com os objetos.

As próprias caracterizações didáticas da descrição podem oferecer um bom exemplo do funcionamento destes dois eixos. Verifiquemos isto em nosso exemplo (3), extraindo dele as duas "instruções de como se descreve":

a) *a descrição de uma pessoa deve conter aspectos físicos e psicológicos:* a regra, desconhecendo as finalidades da descrição, torna geral o que vale para descrições específicas e puntuais. Com isso generaliza-se o que é exemplar, particular, exemplificadas por outras descrições, inscrevendo a descrição de pessoas numa certa interpretação do homem e cumprindo, assim, a matriz cultural da completude necessária em toda a descrição;

b) *na descrição, não há lugar para a invenção:* a descrição, correspondendo à realidade, exclui as representações que o sujeito faz do objeto que descreve? De fato, cada característica que progressivamente vai constituindo o objeto descrito se inspira nestas representações. "Nosso pai geral" é alto (em relação a quê?), gosta de vestir bem (informação que, classificando o pai dentro de um certo conjunto de pessoas, seu pertencimento a esse grupo, resulta de "conhecimentos supostamente compartilhados" que permitem distinguir vestir bem/não vestir bem, conhecimentos que, por comparação, se inscrevem na memória de uma certa época de uma certa sociedade). Esta regra apaga todo o processo que permite ao que descreve aproximar-se das representações coletivas sobre os objetos de descrição, ao mesmo tempo que o constrange à utilização de configurações-clichês de descrições.

Apesar de todo o esforço didático em distinguir descrição de narração, os textos reais parecem não se conformar: em narrações há descrições e em descrições apela-se para a narração de fatos que caracterizam (e portanto descrevem). Abandonando a distinção, podemos generalizar as considerações de Miéville para outros textos, já que também os textos narrativos e dissertativos não fogem às representações construídas no que ele denominou eixos sociológico e cognitivo. Quando tratarmos da "análise lingüística", retornaremos a Miéville para refletirmos sobre os processos operacionais de construção lingüística de textos.

Por fim, de nosso exemplo (3), uma das lições a tirar é relativa ao processo escolar de eternização do clichê, quer em termos da configuração do texto (as regras sobre a descrição), quer em termos internos, na exigência do uso das mesmas expressões metafóricas "consagradas".

Exemplo 4

(A professora solicita aos alunos a leitura silenciosa de um texto já lido. Tal como conceituada no diálogo, na parte que antecede ao recorte feito aqui, a leitura silenciosa é "só com os olhos" e a professora avisa que não quer ouvir nenhum barulho).

...

T_1 P — Eu vou dar 10 minutos ... 5 minutos para vocês lerem a leitura.

...

T_2 A — Eu já terminei, dona!

T_3 P — Todos terminaram?

T_4 A — Eu já ...

T_5 A — Terminamos

T_6 A — Eu não ...

T_7 P — Vocês recordaram bem a leitura?

T_8 A — Recordamos!

T_9 P — Nós já estudamos o vocabulário não é? Bem, agora vou fazer as perguntas ... Vocês fizeram nos cadernos?

T_{10} A — Fizemos!

T_{11} P — Então abram os cadernos... Vamos ver! A primeira pergunta é esta. Onde se passa essa história?

T_{12} A — Na Aldeia dos índios Maoé.

T_{13} P — Qual o personagem principal desse caso?

T_{14} A — O guaraná, olhinhos de gente?

T_{15} P — O principal personagem ... O que é pesonagem hein?

T_{16} A — Pessoa!

T_{17} P — Não é pessoa ... personagem pode ser uma pessoa, um animal, até um objeto ... mas aqui nesse caso quem é?

T_{18} A — O índio, o garotinho.

T_{19} P — Exatamente ... Bem você não vai corrigir agora ... vai corrigir na sua casa ... você entende novamente e faz ... aqui eu não quero.

...

Neste recorte, temos nove turnos ocupados pela professora e dez turnos ocupados pelos alunos. Excluídos os turnos 1, 2 e 19, os demais se constroem numa seqüência de pergunta/resposta. Este diálogo poderia ser assim representado:

(4') ORDEM[1] AÇÃO // AFIR (INF) → PERG → (R_1, R_2, R_3[2]) → PERG → R → (PERG[3], AVISO, PERG) → R → (ORD, ORD, PERG) → R → PERG → R[4] → (AV NEG, PERG) → R → (AV NEG, R, PERG) → R → (AV POS, ORD, ORD, ORD, ORD, ORD[5]).

onde

→ = seqüências implicadas pelo turno anterior
ORD = ordem
AFIR = afirmação (informação)
PERG = pergunta
R = resposta
AVIS = aviso
AV NEG = avaliação negativa
AV POS = avaliação positiva

1. ORD (Eu vou dar 10 minutos ... 5 minutos para vocês lerem a leitura) trata-se de uma ordem produzida por um ato de fala indireto;

2. R (Eu não...), resposta do terceiro aluno, T_6, não é levada em conta na continuidade do diálogo;

3. PERG (Nós já estudamos o vocabulário não é?): neste mesmo turno temos uma seqüência de atos de fala e a pergunta que o inicia, na verdade, é quase retórica, já que não espera resposta. Na verdade, esta pergunta pode funcionar efetivamente como uma afirmação;

4. R (O guaraná, olhinhos de gente?) é uma resposta ou candidata a resposta à pergunta do turno anterior, embora em forma de pergunta. Novamente, temos um ato de fala indireto.

5. ORD (Bem você não vai corrigir agora ... vai corrigir na sua casa ... você entende novamente e faz ... aqui eu não quero): trata-se de uma seqüência de ordens (a ordem "três" se desdobra em duas) que é dirigida diretamente ao aluno do T_{14}, mas que, testemunhada pelo auditório como um todo, passa a valer para todos).

Levando em conta que nos processos interacionais, ao nos constituirmos como locutores a cada turno de conversação, estamos *investindo* nos atos lingüísticos que praticamos, no sentido de que a imagem que se tem de si próprio é uma identidade que a interação constrói e, ao mesmo tempo, ameaça, que dizer do diálogo do nosso exemplo (4)?

Antes de mais nada, o diálogo se dá a propósito de um texto lido, com perguntas previamente formuladas para resposta "em casa", "no caderno", pelos alunos. Pode-se estabelecer, então, que o propósito desta "conversação didática" é a aferição das respostas dadas, cotejando-se com as "respostas que *deveriam* ser dadas". Assim, podemos dividir este diálogo em três partes:

a) a preparação ao "diálogo de aferição": T_1 a T_{10}
b) a aferição propriamente dita: T_{11} a T_{19} (na 1.ª parte)
c) as conseqüências da aferição: T_{19}

Evidentemente, até pela participação em processos semelhantes em ocasiões anteriores, alunos e professora sabem, desde a preparação, o propósito da conversação que se dará. A primeira parte, neste sentido, contém uma ordem e um conjunto de trocas de informações pertinentes para que se dê o propósito efetivo. A notar, nesta parte, é a absoluta falta de conseqüências do turno 6: o aluno, na troca de informações que se está processando, diz "Eu não (terminei)", mas sua fala não é considerada pela professora: segue-se a dança, mesmo que um dançarino esteja fora da pista. Na segunda parte, é o turno 14 e suas conseqüências que chamam a atenção. O aluno propõe um enunciado candidato à resposta. Segue-se uma avaliação negativa, com uma atividade metalingüística da professora. Enunciado e enunciação são aqui interessantes: à proposta do aluno, a professora, não aceitando, repete um sintagma de sua pergunta anterior (o principal personagem...). Quer dizer, não é necessário o professor dizer "errado" ao aluno: o simples fato de retomar o sintagma avalia negativamente a "candidatura" proposta. Imediatamente a pergunta que se segue, neste turno, "suspende" o tópico da conversação (a aferição) para construir novo tópico: *o conceito de personagem*: os turnos 15 a 17 são dedicados a este novo tópico. E segue-se, novamente, uma candidatura à resposta (T_{16}), não aceita pela professora, mas agora não porque a candidatura é em si inadequada, mas por sua incompletude. Note-se que no T_{17} a professora inicia sua avaliação negando validade à resposta dada; mas imediatamente, no mesmo turno, diz "personagem pode ser *uma pessoa*, um animal, até um objeto". Deve-se compreender então que o enunciado anterior (*não é pessoa*) não pode ser compreendido como negação incidindo sobre "pessoa", mas sobre a exclusividade de ser *só* pessoa.

Independentemente de considerações de outra ordem, importa aqui o movimento: a contribuição do aluno é desqualificada "ab initio", mesmo que contenha parte da resposta desejada. Que revela isto? Se lembrarmos o exemplo (3), onde todas as candidaturas à "comparação" dos olhos pretos não são aceitas enquanto não se chega ao clichê desejado, podemos aproximar as orientações que se dão em diálogos deste tipo: *só cabem respostas cristalizadas, prontas, acabadas*. As contribuições dos alunos, nos dois diálogos de nossos exemplos, não só são desclassificadas quando possíveis respostas, mas também o são quando contêm parte da resposta desejada. O turno 17 não se inicia com uma avaliação positiva da professora, com novas perguntas que permitam novas candidaturas até se chegar a uma resposta mais completa. Inicia-se pela avaliação negativa, ainda que a colaboração prestada tenha que ser retomada posteriormente. Isto tem suas conseqüências: a participação em diálogos como estes, na medida em que vivenciados pelos alunos, vai-lhes ensinando: só se responde quando se tem a resposta que a professora quer. Não quero com isso dizer que outros tipos de diálogos não ocorram, e mesmo que contribuições de alunos não são nunca consideradas. Dizer isso seria uma absoluta inverdade. Mas se alguma contribuição se pode obter das análises mais estritamente lingüísticas sobre diálogos de sala de aula, uma delas sem dúvida é que no diálogo de sala de aula invertem-se papéis e funções dos atos lingüísticos praticados. Aprofundemos um pouco esta questão.

Ehlich (1986), em estudo sobre o diálogo escolar, contrapõe dois tipos de discursos: o discurso ensino-aprendizagem e o discurso de sala de aula. Em ambos há pontos em comum: a) entre os participantes, há uma distribuição desigual de conhecimentos e, portanto, uma assimetria no que tange ao conteúdo ou tópico do diálogo; b) há o reconhecimento desta diferença e a vontade de superá-la, isto é, entra-se no processo discursivo com a pretensão de superar as diferenças; c) estas condições organizam as ações lingüísticas praticadas no diálogo.

Mas os dois discursos se distinguem: o discurso de sala de aula, que se pretende um discurso ensino-aprendizagem, na verdade distribui de forma totalmente diferenciada os papéis dos participantes e as funções dos atos praticados. Tomemos a *pergunta* para nossa reflexão. Quando alguém quer aprender algo, e imagina que seu interlocutor lhe possa ser útil, dirige-lhe perguntas cujas respostas poderão suprir "a falta de conhecimento desejado". Neste sentido, a iniciativa da ação é de quem aprende, e não de quem ensina. No discurso de sala de aula, é o inverso o que ocorre: *pergunta quem sabe já a resposta* (é o que podemos verificar em nossos dois exemplos e em muitos outros), ou quem o interlocutor (aluno) imagina que já sabe a resposta. Sua ação lingüística de responder é, então, marcada por essa situação: suas respostas serão "candidatas" à resposta *certa*, cabendo a quem perguntou (o professor) o poder de avaliar a resposta dada. As possibilidades, portanto, de "quebrar a cara" são muito maiores nos diálogos de sala de aula do que em outras circunstâncias, em que a resposta adequada resulta de uma construção entre os participantes[11].

Obviamente, nem sempre o aluno entra no processo dialógico escolar com a pretensão de superar a diferença de conhecimentos: sabe-se perfeitamente bem o quanto os "objetos" de estudos escolares lhes são indiferentes. Isto provoca a necessidade contínua de "motivar" o aluno a "querer aprender" o que a escola acha que aprendido deve ser. Daí, a pergunta didática nem sempre ser de "mera aferição", mas ser usada pelo professor como forma de levar o aluno a se interessar pelo conteúdo que quer transmitir. E aqui se retoma toda a construção social da identidade de "ser professor": aquele que transmite um saber; some-se a isto que este "saber" é tomado pelo professor como "verdades" e não como hipóteses de explicações e teremos a fixidez com que os diálogos de sala de aula se dão, com mudanças significativas na distribuição dos papéis entre os interlocutores em comparação à prática não escolar, com conseqüências nos valores atribuídos aos atos de fala praticados. Assim, a análise de diálogos efetivos de sala de aula pode mostrar como hipóteses científicas são traduzidas em conteúdos escolares, fixando respostas e, portanto, centrando-se numa distinção entre *certo/errado* que vai se formando como *produto final* do processo de escolarização. É neste sentido que o ensino se constrói como reconhecimento e reprodução.

A assimetria se transforma em *autoridade*, porque hipertrofiada, as contribuições dos alunos sendo constantemente desclassificadas. Mesmo que algumas vezes tomadas em conta, elas o são para serem "corrigidas" e não para serem expandidas, o que somente é possível quando não se parte para o processo com respostas previamente fabricadas[12], como verdades, mas como respostas que estão no horizonte (para quem as "sabe") como respostas historicamente dadas aos problemas em estudo.

Nossos exemplos (3) e (4) parecem confirmar que

> O professor dirige os turnos de fala. Em toda relação educativa, as trocas tendem a se constituir em três intervenções, o aluno se encontra "ensanduichado" entre uma abertura e um fechamento do professor. Este sistema é geral no diálogo pedagógico. O professor abre a troca por uma pergunta que, utilizando-se a terminologia do grupo de Genebra, constitui um ato diretor com função iniciativa. Este impõe ao interpelado três obrigações discursivas: reagir verbalmente (um gesto ou uma recusa são improváveis), dar uma resposta (um comentário ou uma pergunta são raros), dar uma boa resposta. A resposta do aluno constitui um ato subordinado com função reativa que pretende satisfazer as três obrigações precedentes. Uma nova intervenção do professor constitui um ato subordinado com função reativa que encerra a troca se o aluno satisfez as três obrigações; há uma retomada se uma das obrigações não for satisfeita. A retomada pode ser uma refutação (não, é falso) ou uma concessão (sim, mas ...) seguidas de uma nova pergunta acompanhada de reformulações ou de precisões. O ciclo se repete até a satisfação total e o fechamento pelo professor. Este tem sempre a primeira e a última palavra e este poder lhe vem da sua posição na instituição escolar que determina sua posição na interação.
>
> (Legrand-Gelber, 1988: 87)

Se quisermos um ensino de *conhecimento* e *produção*, como a produção de textos participaria na construção de tal ensino? Antes de qualquer resposta, fixemos um ponto: no que se segue não se pretende "abolir" a assimetria própria do discurso ensino-aprendizagem, mas *relativizar* as posições que têm sido aprofundadas pela escola, recuperando a ambos (professor e alunos) como sujeitos que se debruçam sobre um objeto a conhecer e que compartilham, no discurso de sala de aula, contribuições exploratórias na construção do conhecimento. As contribuições do professor, tão contribuições quanto as dos alunos, serão, dependendo do tópico, maiores ou menores. Não lhe cabe "esconder" ou "sonegar" informações de que disponha, sob pena de continuar a se anular como sujeito. Sua atitude, no entanto, em relação ao conhecimento, é que muda: as respostas que conhece, por sua formação (que não é apenas escolar, mas que está sempre se dando na vida que se leva), são respostas e não verdades a serem "incorporadas" pelos alunos e por ele próprio.

Retomemos considerações anteriores, que nos forneceram um certo quadro de condições necessárias à produção de um texto:

a) se tenha o que dizer;

b) se tenha uma razão para dizer o que se tem a dizer;

c) se tenha para quem dizer o que se tem a dizer;

d) o locutor se constitui como tal, enquanto sujeito que diz o que diz para quem diz (o que implica responsabilizar-se, no processo, por suas falas);

e) se escolhem as estratégias para realizar (a), (b), (c) e (d).

A devolução da palavra ao aluno faz deste o condutor de seu processo de aprendizagem, assumindo-se como tal. Isto não quer dizer a decretação de um "nada a fazer ou a declarar" para o professor. Fora isto, e teríamos a desconsideração pela palavra, o que significa, na verdade, uma não devolução da palavra ao *outro*. Ouvidos moucos, a não escuta é na verdade uma não devolução da palavra; é negação ao direito de proferir. A não escuta do professor ou seu mutismo empurrariam a ambos, alunos e professor, à monologia. Tomado este princípio como ponto de partida: o aluno como locutor efetivo, poderíamos traçar, com base nos itens acima, o seguinte esquema:

A leitura do quadro, com flechas em dois sentidos, quer representar que ninguém se assume como locutor a não ser numa relação interlocutiva, onde se constitui como tal: assumir-se como locutor implica estar numa relação interlocutiva.

Assumindo-se, pois, a relação interlocutiva[13] como princípio básico a orientar todo o processo, a ação do professor poderá se dar, ele também locutor/interlocutor, tomando cada um dos aspectos à direita ou à esquerda como "tópicos" do processo de ensino/aprendizagem.

Pensemos, a partir daí, algumas práticas possíveis, entre outras:

1. *Definição de interlocutores (c)*: tomando-se em conta as diferentes instâncias de uso da linguagem e privilegiando-se, na escola, a instância pública de uso da linguagem, pode-se definir um *projeto de produção de textos* com destinação a interlocutores reais ou possíveis. Exemplifiquemos: um projeto a ser desenvolvido poderia ser a recuperação da *história da família* do próprio aluno; recuperá-la significaria, para mim, não simplesmente um "tema" para os textos, mas principalmente a definição da própria família como destinatária dos textos que se produzem no projeto. Um texto destina-se a *outro*, seu leitor provável, para o qual (os quais) está-se produzindo o que se produz. Outras possibilidades podem ser: a confecção de livros de histórias; a organização de jornais murais ou jornais escolares; a organização de "conferências", exposições e debates de temas; etc. Importa aqui é não reduzir tais propostas a meros "instrumentos didáticos", mas construí-las, em conjunto, como *projetos* de trabalhos do grupo.

2. *Razões para dizer (b)*: um projeto de trabalho tal como assinalado somente se sustenta quando os envolvidos neste trabalho encontram motivação interna ao próprio trabalho a exe-

cutar. Não fosse assim, não haveria trabalho, mas *tarefa* a cumprir. Ora, como as famílias têm histórias diferentes (ainda que semelhantes), a "narração" de tais histórias, do interior delas próprias, fornece razões para trazê-las para o grupo de colegas que, partícipes do trabalho, compartilham descobertas, diferenças e semelhanças. O trabalho produzido no projeto (em forma de "livrinhos", "manuscritos", etc.) tem, assim, destinação diferente das "redações que se fazem para a escola", já que seriam textos produzidos na escola, movidos pela vontade de descobrir um passado que atinge a cada um dos alunos em particular. O registro escrito desta história recupera uma das funções da escrita.

3. *Ter o que dizer (a)*: não se trata mais, num tal projeto, de devolver à escola o que a escola diz, mas sim de levar para a escola o que também a escola não sabe (ainda que possa dela ter uma imagem). A experiência do vivido passa a ser o objeto da reflexão; mas não se pode ficar no vivido sob pena de esta reflexão não se dar. O vivido é ponto de partida para a reflexão. Aqui a ação educativa é fundamental, não só pelas comparações que professor e alunos podem ir estabelecendo entre as diferentes histórias, mas sobretudo pelas ampliações de perspectivas que cada história, individual, permite. Suponha-se, por exemplo, que vários alunos da classe, ao contarem a trajetória da família, coincidam no fato de que seus pais moraram em outros lugares e que se mudaram em função de oportunidades de trabalho. Isto permitirá a discussão de *migrações*; do rural para o urbano; entre diferentes cidades, etc.

Compreender os processos migratórios, a partir da própria migração de sua família, será a ampliação necessária de conhecimentos que permitirá ao aluno retornar ao fato vivido compreendendo-o de forma distinta de um acontecimento aleatório. É precisamente este *movimento* que importa: do vivido particular, somado a outros vividos particulares revelados por seus colegas, a reflexão e a construção de categorias para compreender o particular no geral em que se inserem. É esta uma das finalidades das práticas de leituras de textos na escola, a que retornaremos no próximo item.

4. *A escolha de estratégias (e)*: a escolha não se dá em abstrato. Elas são selecionadas ou construídas em função tanto do que se tem a dizer quanto das razões para dizer a quem se diz. Considerando-se, por exemplo, as modalidades oral e escrita, é preciso notar que as estratégias são diferentes. Daí os relatos orais em sala de aula, antes da própria escrita, oferecerem já oportunidades para discussões sobre estas diferenças (não como um ponto a ser estudado para se saber as diferenças, mas como uma questão que se coloca para o trabalho que se quer executar em face do projeto em que estão professores e alunos engajados). Talvez seja neste tópico que mais se dará a contribuição do professor que, não sendo o destinatário final da obra conjunta que se produz, faz-se *interlocutor* que, questionando, sugerindo, testando o texto do aluno como leitor, constrói-se como "co-autor" que aponta caminhos possíveis para o aluno dizer o que quer dizer na forma que escolheu. Retornaremos a esta questão ao tratarmos da "análise lingüística".

Centrar o ensino na *produção de textos* é tomar a palavra do aluno como indicador dos caminhos que necessariamente deverão ser trilhados no aprofundamento quer da compreensão dos próprios fatos sobre os quais se fala quer dos modos (estratégias) pelos quais se fala. Não pretendo com isso dizer que os textos produzidos, no final deste encaminhamento, se tornem automaticamente "narrativas" exemplares, "poemas" exemplares. Que todo o aluno, em conseqüência de um tal projeto, se torna *ipso facto* um escritor no sentido de produtor de uma *nova* ficção a mudar os rumos da história da literatura. Como a Haquira Osakabe (1988), incomoda-me também esta *pedagogia da facilitação*. No populismo pedagógico que caracteriza a facilitação, qualquer texto do aluno é elevado à categoria de *excelência*, em prosa e verso (do elogio barateado). Compreender a distância que separa o texto que produzimos de outros textos produzidos por outros só torna a diferença uma forma de silenciamento quando tais textos são vistos como modelos a seguir, e não como resultados de trabalhos penosos de construção que deveriam funcionar para todos nós como horizontes e não como modelares. Repeti-los em nada os lisonjeia. Tê-los em mente pode nos ajudar a julgar a relevância de nossos textos.

3.2.2. A leitura de textos

Na perspectiva assumida neste livro, grande parte do trabalho com leitura é "integrado" à produção em dois sentidos: de um lado ela incide sobre "o que se tem a dizer", pela compreensão responsiva que possibilita, na contrapalavra do leitor à palavra do texto que se lê; de outro lado, ela incide sobre "as estratégias do dizer" de vez que, em sendo um texto, supõe um locutor/autor e este se constitui como tal da mesma forma apontada por nós na produção de textos no item anterior.

O produto do trabalho de produção se oferece ao leitor, e nele se realiza a cada leitura, num processo dialógico cuja trama toma as pontas dos fios do bordado tecido para tecer sempre o mesmo e outro bordado, pois as mãos que agora tecem trazem e traçam outra história. Não são mãos amarradas — se o fossem, a leitura seria reconhecimento de sentidos e não produção de sentidos; não são mãos livres que produzem o seu bordado apenas com os fios que trazem nas veias de sua história — se o fossem, a leitura seria um outro bordado que se sobrepõe ao bordado que se lê, ocultando-o, apagando-o, substituindo-o. São mãos carregadas de fios, que retomam e tomam os fios que no que se disse pelas estratégias de dizer se oferece para a tecedura do mesmo e outro bordado.

É o encontro destes fios que produz a cadeia de leituras construindo os sentidos de um texto. E como cadeia, os elos de ligação são aqueles fornecidos pelos fios das estratégias escolhidas pela experiência de produção do outro (o autor) com que o leitor se encontra na relação interlocutiva de leitura. A produção deste, leitor, é marcada pela experiência do outro, autor, tal como este, na produção do texto que se oferece à leitura, se marcou pelos leitores que, sempre, qualquer texto demanda. Se assim não fosse, não seria interlocução, encontro, mas passagem de palavras em paralelas, sem escuta, sem contrapalavras: reconhecimento ou desconhecimento, sem compreensão.

As mesmas razões que levam ao deslocamento do autor como fonte única dos sentidos levam *eo ipso* ao deslocamento do leitor como fonte única dos sentidos de sua leitura[14]. O texto é, pois, o lugar onde o encontro se dá. Sua materialidade se constrói nos encontros concretos de cada leitura e estas, por seu turno, são materialmente marcadas pela concretude de um produto com "espaços em branco" que se expõe como acabado, produzido, já que resultado do trabalho do autor escolhendo estratégias que se imprimem no dito. O leitor trabalha para reconstruir este dito baseado também no que se disse e em suas próprias contrapalavras. Na imagem de Proust (1905):

> Sentimos muito bem que nossa sabedoria começa onde a do autor termina, e gostaríamos que ele nos desse respostas, quando tudo o que ele pode fazer é dar-nos desejos. Esses desejos, ele não pode despertar em nós senão fazendo-nos contemplar a beleza suprema à qual o último esforço de sua arte lhe permitiu chegar. Mas por uma lei singular e, aliás, providencial da ótica dos espíritos (lei que talvez signifique que não podemos receber a verdade de ninguém e que devemos criá-la nós mesmos), o que é o fim de sua sabedoria não nos aparece senão como começo da nossa, de sorte que é no momento em que eles nos disseram tudo o que podiam nos dizer que fazem nascer em nós o sentimento de que ainda nada nos disseram.
>
> (Proust, 1905: 30-31)

A sublinhar nesta passagem, que pode ser estendida também a textos não literários, dois aspectos: a) o esforço do autor na construção de sua obra, que em nossos termos se concretiza como *trabalho*; b) a construção da "sabedoria" do leitor (também trabalho) que opera a partir do trabalho do outro.

Consideremos dois aspectos que, somados aos aspectos já tratados, podem dar uma visão mais explícita da proposta de ensino como produção de conhecimentos.

3.2.2.1. A perigosa entrada do texto para a sala de aula

A primeira pergunta a fazer aqui é *para que se lê o que se lê?* Como ensina Ducrot que não se pode falar a alguém sem imaginar que o que se fala pode lhe interessar, podemos nos perguntar como se estatui a legitimidade das leituras que se fazem em sala de aula.

Se considerarmos as práticas normalmente propostas por livros didáticos, toda a lição ou unidade destes livros, organizados em unidades e, em geral, sem unidade, iniciam-se por um texto para leitura. Como tais leituras não respondem a nenhum interesse mais imediato daqueles que sobre os textos se debruçam, a relação interlocutiva a ocorrer deverá se legitimar fora dela própria. Ou seja, mesmo quando a leitura se inspira em concepções mais interessantes sobre textos e sobre a leitura, as relações interlocutivas a se empreeenderem em sala de aula não respondem à necessidade do estabelecimento destas relações. Daí, sua legitimidade se estatuir e não se constituir. Os alunos, leitores e portanto interlocutores, lêem para atender a legitimação social da leitura externamente constituída fora do processo em que estão, eles, leitores/alunos, engajados. Com que legitimidade são eles convocados para esta relação?

> Evidentemente, todo representante da autoridade escapa a tal lei. (É um privilégio ligado às profissões de professor, de moralista, de autor, e, em geral, de intelectual ter o direito de aborrecer: quem as exerce goza da reputação de ter palavras que por si mesmas merecem ser ditas. Porque, entrando na definição do verdadeiro, do belo e do bem — em nosso universo intelectual — elas justificam ipso facto sua própria enunciação e são sempre "boas para dizer").
>
> (Ducrot, 1972: 17)

Ancorada na autoridade, a legitimidade se impõe. Os procedimentos são, aqui, os mesmos que, na passagem do produto do trabalho científico a conteúdos de ensino, reificam estes produtos. Tornam hipóteses verdades absolutas. Tornam textos, que se elegem para as aulas, em leitura obrigatória, cujos temas valem por si e cujas estratégias de construção são também válidas em si. Reificam-se os textos. E, contraditoriamente, "repartindo-os" pela escolarização, sacralizam-nos (e na ambigüidade do *nos* incluam-se todos os seus sentidos: os textos, seus autores, seus selecionadores e, por mais incrível que pareça, seus leitores, pois estes, no contato magicamente imposto, "eruditos" se tornam porque leram o que selecionado a ler se lhes "deu" a ler — escolarizados estão).

Não se trata, pois, de textos buscados por sujeitos que, querendo aprender, vão a eles cheios de perguntas próprias. E mais uma vez o que poderia ser uma oportunidade de discurso ensino/aprendizagem, um diálogo em sentido enfático de fala conjunta, de um com o outro em busca de respostas[15], produz-se o discurso de sala de aula que, como a pergunta didática, faz do texto um meio de estimular operações mentais e não um meio de, operando mentalmente, produzir conhecimentos. Não há perguntas prévias para se ler. Há perguntas que se fazem porque se leu. E é muito freqüente os alunos lerem primeiro as perguntas que se seguem ao texto de leitura do livro didático para encontrarem alguma razão para o esforço que farão. Mais freqüentemente ainda, como tais perguntas podem não exigir qualquer esforço, de posse delas, o aluno passeia pelo texto e sua superfície em busca das respostas que satisfarão não a si, mas à aferição de leitura que livro didático e professor podem vir a fazer.

Para fugir a isso, o "remédio pedagógico" tem sido criar motivações que, por sua exterioridade, nada mais fazem do que ancorar pelos lados uma legitimidade que não se põe sob suspeita, mas que rui sobre seus pés de barro.

Como construir outra legitimidade que não se assente na autoridade? É aqui, segundo a perspectiva que venho defendendo, que a leitura se integra ao processo de produção. No item anterior, já vimos como esta pode ser deslocada, em seus temas, por um projeto de produção de textos assumidos por seus autores. Ora, estes, para produzirem, precisam voltar-se para sua própria experiência (real ou imaginária) para dela falarem: buscam e inspiram-se nela para extrair daí o que dizer. E ao dizê-lo, desvelam as categorias (ou sistema de referências) em que interpretam estas experiências, suas vidas. É destas interpretações que se podem tirar tópicos que, discutidos na sala de aula, demandam a busca de outras informações, de outros modos com que outros viram e vêem experiências semelhantes. É neste sentido que a leitura incide sobre "o que se tem a dizer" porque lendo a palavra do outro, posso descobrir nela outras formas de pensar que, contrapostas às minhas, poderão me levar à construção de novas formas, e assim sucessivamente[16].

Não se creia que estou a defender um "pragmatismo" como inspiração da leitura a se fazer em sala de aula. Estou defendendo, isto sim, que não participamos gratuitamente e imotivamente de relações interlocutivas, e que são os tipos de relações interlocutivas em que nos engajamos que melhor podem inspirar a ação pedagógica a se empreender. Assim, atitudes produtivas na leitura e que fazem da leitura uma produção de sentidos pela mobilização dos "fios" dos textos e de nossos próprios "fios" podem ser recuperadas de nossa história de leituras externas à escola[17].

a) Posso ir ao texto em busca de uma resposta à pergunta que tenho. Trata-se aqui de *perguntar* ao texto. É o que se pode chamar de *leitura-busca-de-informações*. Ora, não se buscam informações para nada. Somente quando queremos aumentar nossa adesão e a de outros a teses que defendemos ou quando suspeitamos de teses que outros defendem ou que nós mesmos defendemos, é que buscamos maiores informações que nos permitam essa adesão/abandono da tese. É o *querer saber mais* a razão que nos leva a buscar em outros suas posições, suas propostas. Mas este querer saber mais não se dá sem complemento: sempre queremos saber mais sobre alguma coisa para, compreendendo-a de diferentes modos, destas novas compreensões fazer uso, ainda que este uso não esteja imediatamente definido nem seja pontualmente limitado.

b) Posso ir ao texto para *escutá-lo*, ou seja, não para retirar dele uma resposta pontual a uma pergunta que lhe é prévia, mas para retirar dele tudo o que ele possa me fornecer (e eu, no momento desta leitura, possa detectar). É o que se pode chamar *leitura-estudo-do-texto*. Esforço maior, esta leitura confronta palavras: a do autor com a do leitor. Como a palavra do autor, sozinha, não produz sentido, minha escuta exige-me uma atitude produtiva. Que razões podem levar a um estudo de um texto? Novamente, aqui, o *querer saber mais* é imprescindível: o leitor não disposto ao confronto, ao risco de constituir-se nas interlocuções de que participa, e este risco aponta para a possibilidade de re-fazermos continuamente nossos sistemas de referências, de compreensão do mundo (ou de leitura do mundo, nas palavras de Paulo Freire, 1982), poderá passear os olhos sobre o texto sem escutá-lo.

Pela segunda vez este "querer saber mais" aparece. Como justificá-lo? Como surge no homem esta vontade de saber? O que nos faz "perguntadores"? Ou o que apaga em nós as perguntas? As respostas, sabe-se, ou se cristalizam como mi(s)tificações ou são suscitadoras de novas perguntas. É claro que, para a manutenção da ordem (e do progresso de uns), pela massificação e pela alienação, as respostas encontradas se apresentam como soluções definitivas: a elas não cabe produzir novas perguntas, mas imobilizar nelas a historicidade dos sujeitos e de seus sistemas de referências. No entanto, como se dá que alguns escapam às insídias da alienação e massificação? E por que os que escapam desejam, sempre, que outros os acompanhem? Há respostas para todas estas perguntas? A única que no momento me posso oferecer (oferecendo-a aos leitores) tem a ver com a *utopia* que assume que

> o destino do homem é cumprir-se na sua singularidade e (...) lhe compete, na medida de seu próprio destino, uma função continuamente impertinente de constituir-se a cada momento num ser pertinente. (...) Menos do que uma decorrência "natural", a reivindicação desta ruptura [entre um discurso explicativo já formulado e a formulação de explicações "impertinentemente pertinentes" na tensão de se constituir sujeito] funda um princípio de sobrevivência: a vida formulada em sobressaltos. Esse é o "espaço" em que se constitui o sujeito do discurso, incompletude por definição.
> (Osakabe, 1988: 57 a 59)

c) Posso ir ao texto nem para perguntar-lhe nem para escutá-lo, mas para *usá-lo* na produção de outras obras, inclusive outros textos. Pretextos legítimos, em qualquer circunstância. Penso aqui, por exemplo, no diretor de teatro que, montando uma peça, sua obra não se mede pela fidelidade ao texto que a sustenta, mas pelo novo texto (montagem) que o faz reaparecer. A *leitura-pretexto* não me parece em si um mal (aliás, haverá alguma leitura sem pretexto?), sob pena de um endeusamento do dito e, por ricochete, a decretação de sua morte na imobilidade de ser o que é, sem predicativos. Evidentemente, há pretextos que, não por serem pretextos, se ilegitimam. Talvez o melhor exemplo disto seja a utilização do texto que, na escola, se faz para a discussão da sintaxe de seus enunciados. A ilegitimidade não me parece surgir do estudo sintático em si, mas da cristalização de tais análises que se não apresentam como possíveis mas como verdades a que só cabe aderir, sem qualquer pergunta. Qualquer texto, oral ou escrito, nos oferece ocasião para tentar descobrir os mecanismos sintáticos da língua; e esta não é portanto a questão. O problema está em que não é a descoberta de tais mecanismos que funciona de fato como pretexto. É a mera incorporação de explicações sintáticas já prontas que ilegitimam esta atitude de uso do texto.

d) Posso, por fim, ir ao texto sem perguntas previamente formuladas, sem querer escrutiná-lo por minha escuta, sem pretender usá-lo: despojado, mas carregado de história. É o que pode ser chamado de *leitura-fruição*. Não é a imediatez a linha condutora desta relação com os outros, mas a gratuidade do estar com os outros, e com eles se constituir, que orienta este tipo de diálogo.

Os quatro "tipos" de relações aqui apontados não esgotam as possibilidades, nem é meu objetivo tentar esgotá-las. Exemplificam, apenas, alternativas de "entrada" do texto no movimento contínuo de ensino/aprendizagem que se centra na produção. O que se diz ou as formas do dizer podem levar a leituras de textos que, ampliando nossos horizontes de análise (pela incorporação crítica de categorias de compreensão do mundo que não conhecíamos), ampliam o que temos a dizer; a forma como outros disseram o que disseram (já vimos que na relação interlocutiva tais elementos não se separam em si, embora possamos tematizar ora um aspecto, ora outro, como comprovam as atividades epilingüísticas e metalingüísticas) amplia nossas possibilidades de dizer.

Antes de nos dedicarmos ao segundo aspecto desta perigosa entrada do texto na sala de aula, tomemos um exemplo que concretize e resuma as idéias expostas.

Exemplo 5[18]

... Eu queria que meus alunos escrevessem bastante, então, disse a eles para colocarem no papel tudo o que havia acontecido durante o dia. Eles fazem tanta coisa, não é?

... Você pensou em partir da experiência da criança?

... Pois é, mas não gostei dos resultados. Vejam, por exemplo, esse aluno, Luís. Vocês acham que eu poderia dar nota numa coisa dessas?

Meu dia

Eu acordei e fui escovar os dentes e depois fui toma café. Aí eu fui arrumar a minha cama. E depois fui jogar bolinha e depois fui joga bola. E depois eu fui anda de bicicleta e depois eu fui au moça ai eu fui asisdi televisão. E depois eu tomei banho e fui faze a tarefa e depois vim prá escola.

(texto de aluno da 4.ª série)

Antes de mais nada, afastemos a preocupação em dar uma nota. A pobreza aparente do cotidiano contado numa estrutura do tipo "um fato puxa o outro" (cf. Franchi, E., 1984) abre-se em possibilidades que permitiriam reflexões múltiplas sobre este fazer cotidiano. Apontemos algumas:

a) *eu acordei*: por que dormimos? que sonhos e pesadelos a noite nos trouxe? ao acordar, que imaginamos do dia a construir?

b) *fui escovar os dentes*: que pasta você usou? qual o gosto? desde quando escovamos os dentes e para que os escovamos? o gosto ruim na boca, por que se forma?

c) *depois fui tomar café*: o que havia no meu café? repete-se sempre o mesmo em meus cafés da manhã? há quem tome café todo o santo dia, e há os que não tomam: por quê?

d) *aí eu fui arrumar a minha cama*: sempre sou eu mesmo que arrumo minha cama? e os outros também fazem isso? por que os lençóis de que saímos precisam ser alinhados para apagar nossa presença? todo mundo tem cama para, usando-a, poder arrumar depois?

e) *e depois fui jogar bolinha e depois fui jogar bola. E depois fui andar de bicicleta*: uma manhã que se fez brincadeiras: com quem? o que é jogar bolinha e o que é jogar bola? quais as regras destes jogos? poderia se fazer isso sozinho? como me saí nestes jogos? ganhei? perdi? será que saberia dizer as regras do jogo de bolinha, ensinando-as para outro?

f) *e depois eu fui almoçar*: quem fez o almoço? a mãe? a empregada? o pai? eu estava com fome? comi o quê? que necessidades fazem surgir a fome, que nos leva em busca do alimento? como ficam então os que não comem tantas vezes por dia?

g) *e fui assistir televisão*: vi o quê? por que as pessoas assistem televisão? alguma propaganda da pasta de dentes que usei quando acordei? como era esta propaganda? eu me reencontrei nela? por que sim? por que não?

h) *e depois eu tomei banho*: por que se toma banho? em todos os lugares e em todas as famílias se toma banho antes de ir para a escola?

i) *e fui fazer a tarefa*: por que a escola dá tarefa a fazer? pode-se aprender sem fazer tarefa? se eu não tivesse feito a tarefa, o que aconteceria? a gente, num dia cheio que se fez de brincadeiras, pode esquecer de fazer a tarefa? quando esquecemos porque ficamos brincando, alguém aceita esta justificativa?

j) *e depois vim para a escola*: fazer o quê? para que é que a gente vem para a escola? onde aprendemos mais o que nos interessa: brincando de manhã ou aqui na escola? as pessoas que eu encontro aqui são também aquelas com quem brinco de manhã? quais? e quais não são? onde moram? que fizeram durante a manhã os outros?

Este conjunto de perguntas, a que se poderiam acrescentar outras, levam à construção de um diálogo. Devolver a palavra ao outro implica querer escutá-lo. A escuta, por seu turno, não é uma atitude passiva: a compreensão do outro envolve, como diz Bakhtin, uma atitude responsiva, uma contrapalavra. O diálogo que se pode dar a partir da curiosidade das questões formuladas produz um texto co-enunciado. Afinal, pediu-se ao aluno para contar o seu dia, para dar-lhe uma nota ou para saber como foi este dia?

Em que sentido todas estas perguntas têm a ver com leitura? As respostas que surgem de perguntas como as formuladas vão nos mostrando que, sobre muitas coisas, o que sabemos é muito pouco[19]. E é este pouco que pode se tornar um querer saber mais. E é este querer saber mais que impulsiona a busca de respostas dadas por outros, em textos que vamos buscar, que vamos ler. Este o movimento que se defende. E com isso se pretende inverter a flecha da forma de entrada do texto de leitura na sala de aula: ele não responde ao previamente fixado, mas é conseqüência de um movimento que articula produção, leitura, retorno à produção (aos fatos do cotidiano no nosso exemplo) revista a partir das novas categorias que o diálogo, entre professor, alunos e textos, fornece.

E isto seria ensinar língua portuguesa? É ingênuo pensar que uma tal perspectiva apenas abriria espaço para uma ação ideologizante. Se a linguagem não é morta, não podemos escapar do fato de que ela se refere ao mundo, que é por ela e nela que se pode detectar a construção histórica da cultura, dos sistemas de referências. Querer em nome de uma suposta neutralidade abandonar qualquer ação pedagógica que opere com estes sistemas de referências é querer, na verdade, artificializar o uso da linguagem para ater-se a aspectos que não envolvem a linguagem como um todo, mas apenas uma de suas partes.

Ao aprender a língua, aprende-se ao mesmo tempo outras coisas através dela: constrói-se uma imagem da realidade exterior e da própria realidade interior. Este é um processo social, pois como vimos, é no sistema de referência que as expressões se tornam significativas. Ignorá-las no ensino, ou deixar de ampliá-las no ensino, é reduzir não só o ensino a um formalismo inócuo. É também reduzir a linguagem, destruindo sua característica fundamental: ser simbólica.

Se o texto escrito pelo aluno era para ser lido, e se a leitura é mais do que simples "informação" que se extrai do texto, mas efetivamente envolve o leitor, não vejo como um professor, leitor dos textos de seus alunos, possa ignorar tantas perguntas que as informações dadas pelo texto fazem surgir[20]. E note-se, perguntas formuladas com base no que disse o aluno não têm resposta previamente conhecida pelo professor. As perguntas já não são perguntas didáticas, mas perguntas efetivas que fazem do diálogo da sala de aula uma troca e a construção do texto oral co-enunciado. As respostas dos alunos já não são candidatas a respostas que o professor cotejaria com uma resposta previamente formulada. A participação do professor neste diálogo já não é de aferição mas de interlocução.

Por esta via, talvez a entrada dos textos para a leitura em sala de aula tenha outras razões de ser: as razões efetivas pelas quais fora da escola buscamos textos. E mais, o convívio com eles não se constitui como um convívio que os cristaliza em modelos. Na mesma medida deste convívio, vamos extraindo o que já se disse sobre o tema e formas de dizer, com isso aumentando nossas condições de escolha de estratégias de dizer. Isto nos leva ao segundo aspecto.

3.2.2.2. O texto e as estratégias do dizer

Osakabe (1982) aponta para o fato de que o processo de escolarização hipertrofia duas características da escrita: a sua fixidez (necessária para permitir a interlocução à distância) e a tendência monológica (resultante das condições de produção em que o interlocutor não se faz presente, face a face, como na oralidade, mas como imagem do próprio autor). Na esteira do mesmo raciocínio, pode-se dizer que o conjunto de textos que se oferecem à leitura de aprendizes da língua escrita não só funcionam como modelos implícitos de discursos a serem proferidos no que tange aos conteúdos "válidos" que se dão como tais, mas também enquanto "modelos" a seguir enquanto forma de configurar textos. A prática escolar é, aqui, profundamente destruidora dos próprios textos que se lêem. Fernando Sabino, Carlos Drummond de Andrade, Rubem Braga, para citar apenas alguns dos autores hoje presentes nos livros didáticos, não escreveram os textos que escreveram imaginando-os modelos a serem seguidos. Existentes, estando no mundo, eles nos fornecem, é claro, o resultado de um trabalho de construção sobre o qual nos debruçamos, com os quais convivemos e dos quais nos apropriamos. Mas não é por serem "modelares" que se tornam modelos inspiradores: inspiram porque convivendo com eles vamos aprendendo, no e com o trabalho dos outros, formas de trabalharmos também. Daí porque a *leitura* permite a exploração das configurações textuais, e não só as perguntas que incidem sobre o que o texto diz podem levar-nos a buscar outros textos. Também refletir sobre o modo como outros organizam o que tinham a dizer pode ser a razão de leituras. A atenção a estas *configurações textuais* não quer dizer que, de imediato, os textos lidos devam fornecer ao professor o parâmetro a partir do qual lerá os textos de seus alunos; ao contrário, a atenção que se lhes dedica vai constituindo para cada leitor em particular e para o grupo de leitores, horizontes de possibilidades dos quais vamos extraindo, como o faz a criança na aquisição da oralidade, um conjunto heteróclito de "regras", de "regularidades" que, ao longo do processo histórico destes convívios, vai nos constituindo como sujeitos competentes no uso da linguagem em suas instâncias públicas. Competência que não é "fixada para sempre", mas é o que é em cada momento histórico do sujeito tal como a avalia uma sociedade em seu momento histórico[21]. E que também não é fixa para cada sujeito, e nem válida para todas as ocasiões.

A aposta que se faz aqui é que a ação pedagógica, ao chamar a atenção do leitor para os aspectos configuracionais, será uma ação mediadora entre o leitor e o texto. Mediação que não deve impor as estratégias do texto que se lê como o único caminho a ser seguido pelo que aprende; mas mediação que, alertando para tais aspectos, vai permitindo ao que aprende a sua própria transformação pessoal pelo fato de dispor, cada vez que lê, de outras possibilidades de escolha de estratégias de dizer o que tem a dizer.

Antes de tomarmos um exemplo real, construo um, tomando como ponto de partida o texto de nosso exemplo (5) e possíveis respostas às questões que suscitou.

Exemplo 6

Suponha-se que o aluno, ao informar o tipo de pasta de dentes que usou nesta manhã, diz que a marca é Kolynos. De posse desta informação, como poderíamos incluí-la no texto? Listo aqui algumas possibilidades:

6a) Eu acordei e a Kolynos, no banheiro, me dizia: agora é escovar os dentes, e depois fui tomar café...

6b) Eu acordei e, Kolynos na escova, o rito de escovar os dentes...

6c) Eu acordei e como sempre faço, usei minha Kolynos no hábito de todas as manhãs, e depois fui tomar café...

...

Não é nada difícil ao leitor continuar. O resultado deste trabalho com o texto do aluno e com os alunos levará a um texto totalmente distinto daquele que foi sua matriz.

Note-se, no exemplo suposto, que o importante não é ensinar metonímia, ou tomar outro texto como parâmetro, exigindo que o aluno o siga ou que use metonímias, metáforas, comparações e o que mais der para reescrever seu texto. Importa isto sim esta prática com a linguagem que poderá, depois, tornar-se *objeto* de reflexão. Segue-se aqui o que ocorre na aquisição da oralidade:

> é através da linguagem enquanto AÇÃO SOBRE O OUTRO (ou procedimento comunicativo) e enquanto AÇÃO SOBRE O MUNDO (procedimento cognitivo) que a criança constrói a linguagem enquanto OBJETO sobre o qual vai poder operar.
>
> (De Lemos, 1982: 120)

Integrando, como se está tentando fazer aqui, produção de textos e leitura de textos, na busca de perspectivas de um ensino que não seja de reconhecimento, mas de conhecimento; que não seja de reprodução mas de produção, vemos que no que tange à escolha de estratégias de dizer, mais do que definir como se diz (lembre-se o diálogo sobre a descrição de nosso exemplo 3) importa inferir, na prática da linguagem, o que historicamente esta prática foi construindo.

O acesso ao mundo da escrita é também um acesso a estas estratégias que resultam de relações interlocutivas do passado, de seus objetivos (razões para dizer) e das imagens de interlocutores com que aqueles que escreveram pretenderam um certo tipo de relação. As estratégias que se escolhem revelam, em verdade, esta história porque delas são resultado. Estou usando aqui a denominação "configuração textual" e não "estrutura" por duas razões: a) o conjunto de configurações (ou gêneros) não é fixo, com regras a serem obrigatoriamente seguidas. Assim, a configuração de uma narrativa não se obtém pela simples obediência a regras, mas pela inclusão do que se narra, *hic et nunc*, na configuração de outras narrativas; b) estas configurações não são impermeáveis entre si, de modo que um texto em que se queira defender um ponto de vista, ou em que se defende um ponto de vista (texto argumentativo), não possa ser cruzado por configurações outras que não a "estrutura" de uma argumentação. Que a fábula sirva de exemplo.

Pondo-nos, por hipótese, do outro lado do fio, aquele da produção, o locutor/autor ao escolher uma certa configuração para o seu texto, "desescolhe" outras e, em certa medida, compromete-se com as estratégias escolhidas. Estas são também chaves com que o lê. Já chamamos a atenção para expressões cristalizadas como "Era uma vez..." O leitor imediatamente situa-se num certo campo de interpretação do que se segue: fornecida esta pista do "era uma vez..." convívios prévios fazem esperar uma história situada num espaço de ficção ou, mesmo que história real, contada como se não o fosse[22].

Se, de um lado, estas "configurações" obrigam certas "responsabilidades", de outro lado o movimento entre elas produz o inusitado, o novo. Este não resulta apenas do que se diz. Como Foucault (1971) aponta, "o novo não está no que é dito, mas no acontecimento de seu retorno" e também o retorno, no interior de um tipo de configuração, de configurações outras, produz um certo "estranhamento" que faz do que se diz uma novidade[23]. Para exemplificar, considere-se o seguinte poema:

Exemplo 7[24]

Receita de Herói

Reinaldo Ferreira

Tome-se um homem feito de nada
Como nós em tamanho natural
Embeba-se-lhe a carne
      Lentamente
De uma certeza aguda, irracional
Intensa como o ódio ou como a fome.
    Depois perto do fim
    Agite-se um pendão
    E toque-se um clarim
    Serve-se morto.

O título (receita) e o uso de expressões como "tome-se", "embeba-se", "agite-se", "serve-se" são retirados de um contexto configuracional que aponta para a receita culinária. Posto, no entanto, que temos um poema, sua novidade está nesta emergência de uma outra configuração dentro da configuração que não lhe é própria. Uma leitura deste poema que não reconheça nele a presença de outro "tipo" de textos é uma leitura que não aciona as estratégias escolhidas pelo autor e, por isso mesmo, é uma leitura da superfície do texto.

Ainda mais um exemplo.

Exemplo 8[25]

Porque é domingo

R. Machado

Levantou tarde com vagar e simulacro de sorriso examinou os dentes no espelho do banheiro e tirando o carro para a frente da casa lavou-o tendo para isso vestido o short e tomou um chuveiro e fez barba e pôs sapato sem meïa camisa esporte fora das calças e bebeu caipirinha discutindo futebol no bar da esquina e comprou uma garrafa de vinho três guaranás e comeu demais no almoço e folheou o grosso jornal pensando é só desgraça no mundo e bocejou diversas vezes e cochilou e acabou indo deitar no quarto e acordou às quatro horas com preguiça pensando vou visitar o Ari ele não vai estar mas vou assim mesmo e pegou as chaves do carro e disse à mulher vou dar uma volta e rodou no *volks* por ruas discretas cheias de sol o rádio ligado no futebol e bateu na casa do Ari não tinha ninguém pensou então vou até o Paulinho e foi mesmo e por sorte o Paulinho estava em casa de chinelo casaco de pijama veio até o portão e ele não quis entrar e gozou com a cara do Paulinho o teu time não é de nada está empatando logo com o lanterninha e girava as chaves do carro no dedo e o Paulinho disse o jogo ainda não acabou e ele contou pro Paulinho que estava comendo a secretária e o Paulinho despeitado só deu um sorriso amarelo e depois o Paulinho disse que descobriu que o Carlinhos rouba no jogo de buraco e que não joga mais com aquele cara e insistiu para que entrasse e ele agradeceu já ia andando e abanou de dentro do carro e voltou pra casa antes botou gasolina no posto e disse pra mulher que tinha ido nas casas do Ari e do Paulinho e ela perguntou se ele queria café e ele disse que não e perguntou a ela se já tinha começado o programa de televisão e enquanto sentava na poltrona e via coméu um pedaço de pudim e a mulher quebrou um copo na cozinha e ele gritou o que que quebrou aí dentro e deu um arroto e quando o programa já estava quase no fim a mulher disse que queria sair ele levantou e foi trocar de roupa e foi ao cinema com a mulher e o filme era com a Sophia Loren e era colorido e eles gostaram e quando voltaram para casa viram ainda um pouco mais de televisão e começaram os dois a bocejar e ele escovou os dentes e fechou a casa e deu corda no despertador e foram dormir já um pouco tarde, porque é domingo.

Qualquer explicitação, por marcadores, da ordem cronológica do texto produziria uma seqüência mais banal. No entanto, estamos ante uma narrativa cujos acontecimentos o leitor vai reestabelecendo à medida que lê: misturam-se à cronologia de fatos pensamentos do personagem. Não é a cronologia o fio que conduz o que se narra. Compare-se, agora, o texto de nosso exemplo (5) com a estratégia de Rúbem Machado, e teremos aí uma leitura que poderá incidir não só no que se diz em textos escolares, mas também nas estratégias de dizer a cotidianidade.

Resumamos, em tópicos, os pontos de vista aqui defendidos:

a) o movimento entre produção e leitura é para nós um movimento que vem da produção para a leitura e desta retorna à produção (ao inverso do que costumam ser as práticas escolares tais como aquelas propostas pelos livros didáticos);

b) a entrada de um texto para a leitura em sala de aula responde a necessidades e provoca necessidades; estas necessidades tanto podem ter surgido em função do que temos chamado "ter o que dizer" quanto em função das "estratégias de dizer";

c) a leitura, sendo também produção de sentidos, opera como condição básica com o próprio texto que se oferece à leitura, à interlocução; neste sentido são as pistas oferecidas pelo texto que levam a acionar o que lhe é externo (por exemplo, outros textos lidos anteriormente). Do ponto de vista pedagógico, não se trata de ter no horizonte a leitura do professor ou a leitura historicamente privilegiada como parâmetro da ação; importa, diante de uma leitura do aluno, recuperar sua caminhada interpretativa, ou seja, que pistas do texto o fizeram acionar outros conhecimentos para que ele produzisse o sentido que produziu; é na recuperação desta caminhada que cabe ao professor mostrar que alguns dos mecanismos acionados pelo aluno podem ser irrelevantes para o texto que se lê, e portanto a sua "inadequada leitura" é conseqüência deste processo e não porque não se coaduna com a leitura desejada pelo professor.

3.2.3. A análise lingüística

Criadas as condições para atividades interativas efetivas em sala de aula, quer pela produção de textos, quer pela leitura de textos, é no interior destas e a partir destas que a análise lingüística se dá.

Como se sabe, muito antes de a criança vir para a escola, ela opera sobre a linguagem, reflete sobre os meios de expressão usados em suas diferentes interações, em função dos interlocutores com que interage, em função de seus objetivos nesta ação, etc. Lembremo-nos, por exemplo, das freqüentes mudanças entonacionais nas falas infantis: elas respondem também a esta reflexão (como vimos em 1.3.).

Com a expressão "análise lingüística" pretendo referir precisamente este conjunto de atividades que tomam uma das características da linguagem como seu objeto: o fato de ela poder remeter a si própria, ou seja, com a linguagem não só falamos sobre o mundo ou sobre nossa relação com as coisas, mas também falamos sobre como falamos. Como já vimos, a estas atividades têm sido reservadas as expressões "atividades epilingüísticas" ou "atividades metalingüísticas".

A distinção entre ambas, com base na consciência ou inconsciência, como proposto por Culioli, me parece bastante problemática: até que ponto podemos dizer que uma criança que repete a seu companheiro de brincadeiras como se joga um jogo, retomando explicação que já havia dado, através de uma paráfrase, pratica uma atividade inconsciente? Digamos que o objetivo final desta paráfrase (levar o outro a entender o jogo) seja mais forte do que sua consciência de que está parafraseando. Mas se pode dizer que esta paráfrase é inconsciente? Que a criança não sabe que está repetindo? Por isso, prefiro a expressão "análise lingüística", distinguindo no interior dela atividades epilingüísticas de atividades metalingüísticas através de outro critério: as primeiras refletem sobre a linguagem, e a direção desta reflexão tem por objetivos o uso destes recursos expressivos em função das atividades lingüísticas em que está engajado. Assim, toda a reflexão sobre diferentes formas de dizer a que aludimos no item anterior (especialmente no tópico "o texto e as estratégias do dizer") são atividades epilingüísticas e, portanto, "análises lingüísticas" tão importantes quanto outras mais pontuais como a reflexão que se pode fazer sobre os elementos de ligação, do tipo "aí", "então", "depois", presentes em nosso exemplo (6). Com este mesmo critério, considero as atividades metalingüísticas como uma reflexão analítica sobre os recursos expressivos, que levam à construção de *noções* com as quais se torna possível categorizar tais recursos. Assim, estas atividades produzem uma linguagem (a metalinguagem) mais ou menos coerente que permite falar sobre a linguagem, seu funcionamento, as configurações textuais e, no interior destas, o léxico, as estruturas morfossintáticas e entonacionais.

Ora, para que as atividades metalingüísticas tenham alguma significância neste processo de reflexão que toma a língua como objeto, é preciso que as atividades epilingüísticas as tenham antecedido. Se quisermos inverter a flecha do ensino, propugnando por um processo de produção de conhecimento e não de reconhecimento, é problemática a prática comum na escola de partir de uma noção já pronta, exemplificá-la e, através de exercícios, fixar uma reflexão. Na verdade, o que se fixa é a metalinguagem utilizada. E daí a sensação do aluno de que saber sua língua é saber utilizar-se da metalinguagem aprendida na escola para analisar esta língua. Esta percepção é fruto do trabalho escolar: o aluno, falando em português, diz não saber português.

Na tentativa de manter uma certa coerência entre as atividades que venho propondo para o ensino, assim como a escuta real da fala do aluno lançaria alunos e professores em busca de textos que ampliam "o que se tem a dizer" (e o convívio com estes ampliam as estratégias do dizer disponíveis), penso as atividades epilingüísticas como condição para a busca significativa de outras reflexões sobre a linguagem. Note-se, pois, que não estou banindo das salas de aulas as *gramáticas* (tradicionais ou não), mas considerando-as fontes de procura de outras reflexões sobre as questões que nos ocupam nas atividades epilingüísticas. É claro que as gramáticas existentes, enquanto resultado de uma certa reflexão sobre a linguagem, são insuficientes para dar conta das muitas reflexões que podemos fazer. Mas não é pelo fato de nossas noções intuitivas, nossas reflexões intuitivas, não encontrarem respaldo em argumentos de autoridade que elas devem deixar de ser feitas. O que temos disponível é insuficiente para o que precisamos: uma razão a mais para abandonarmos a mera reprodução de conhecimentos e tentarmos a construção de conhecimentos.

Reivindicando a prática da linguagem como fio condutor do processo de ensino-aprendizagem, incluem-se nesta prática, não como algo que lhe é externo, as atividades epilingüísticas. Estas, por seu turno, são uma ponte para a sistematização metalingüística. Integram-se, pois, no ensino atividades lingüísticas, epilingüísticas e metalingüísticas (de que tratamos no item 1.3.1.).

Incluem-se nas atividades de análise lingüística as reflexões sobre as estratégias do dizer, o conjunto historicamente constituído de configurações textuais.

Consideremos neste tópico reflexões possíveis que se atenham mais estritamente ao interior dos textos. Além dos objetivos que tais atividades possam ter em si próprias, enquanto conhecimento que produzem sobre a língua, acrescente-se o fato de que elas podem servir e servem para uma outra finalidade: a do domínio de certos recursos expressivos que não fazem parte daqueles já usados pelos alunos. Toda reflexão feita deve estar no horizonte: o confronto entre diferentes formas de expressão e mesmo a aprendizagem de novas formas de expressão, incorporadas àquelas já dominadas pelos alunos, levam à produção e ao movimento de produção da variedade padrão contemporânea. Note-se, esta nova variedade não dispensa o conhecimento da variedade padrão anterior, mas faz deste conhecimento (que não precisa necessariamente ser total) uma condição na construção da nova variedade[26].

Obviamente, é impossível prever todas as atividades de análise lingüística que podem ocorrer numa sala de aula. Em outras oportunidades[27] já distingui tais atividades levando em conta uma certa categorização de problemas que, emergindo em textos de alunos, poderiam orientar as reflexões possíveis, comparando os recursos expressivos usados pelos alunos e os recursos expressivos mais próprios da assim chamada língua culta. Esta categorização seguia basicamente os seguintes aspectos:

1. problemas de ordem estrutural, que levantariam questões relativamente à configuração do texto como um todo, suas seqüências, seus objetivos, etc.;

2. problemas de ordem sintática, centrados na reflexão sobre as diferentes formas de estruturação dos enunciados e as correlações sintagmáticas do tipo concordância, regência e ordem dos elementos no enunciado;

3. problemas de ordem morfológica, centrados nas diferentes possibilidades de construção

de expressões referenciais (por exemplo, uma descrição definida versus um nome próprio), os processos de flexão e de construção de itens lexicais, etc.;

4. problemas de ordem fonológica, que vão desde as formas de inscrição na escrita das entonações da oralidade até às convenções ortográficas.

Não vou retomar aqui as mesmas considerações de então[28], beneficiando uma outra perspectiva: como vimos anteriormente, de modo especial quando tratamos da historicidade da linguagem, a construção de um texto se dá por *operações discursivas* com as quais, utilizando-se de uma língua que é uma sistematização aberta (ou seja, relativamente indeterminada), o locutor faz uma "proposta de compreensão" a seu interlocutor. Já vimos que construir esta proposta de compreensão está intimamente ligado à relação interlocutiva e esta está ligada a diferentes instâncias de uso da linguagem em que se dão nossas interações.

A reflexão que se segue tentará explicitar algumas destas operações discursivas[29]. Elas não estão todas presentes em todos os textos. A listagem, longe de ser exaustiva, serve apenas como horizonte de construções de explicitações de outras operações. Chamo a atenção para estas não porque elas são, hierarquicamente, superiores a outras. A lista reflete apenas um estágio de explorações intuitivas sobre operações discursivas que podem servir de ponto de partida para estudos posteriores sobre o assunto.

O quadro dentro do qual as operações discursivas fazem sentido demanda recordar que só na medida em que há razões para constituir relações interlocutivas é que se dá a formulação de textos, nos quais universos de referência são gerados. As operações discursivas são, então, *atividades de formulação textual*.

Se *formular* o texto é assegurar ao enunciatário as condições de compreensão, em que consiste então efetivamente esse *fazer* do enunciador, capaz de "construir a compreensão" para o enunciatário? Para ANTOS, desenvolvem-se, nesse sentido, na e pela formulação, três aspectos simultâneos.

a) A constituição de um universo do enunciador, partindo do princípio de que uma realidade não nos é dada em si mesma, mas por meio de sua configuração lingüística. Tal fato leva a descartar a idéia de um único universo padronizado por uma única interpretação lingüística. Os universos são tantos quantos forem os textos que os constituem.

b) A "construção" da intenção comunicativa do enunciador, na medida em que, somente na produção do texto e por meio dela, os objetivos comunicacionais vão se definindo e se estruturando, e novos objetivos vão sendo gerados.

c) A constituição dos significados, admitindo-se que, na produção textual, não ocorre uma simples atualização ou aproveitamento de significados "a priori" estabelecidos e, portanto, disponíveis para o uso. A produção textual é um processo de geração de sentidos, sempre novos e únicos, os quais, na medida em que são gerados, geram outros e, assim, se instaura a dinâmica evolutiva do texto.

(Hilgert, 1989: 143-144)

Evidentemente, esta formulação do texto, que se oferece ao enunciatário como uma proposta de compreensão, resulta de inúmeras "atividades menores", cada uma delas uma operação discursiva, na minha terminologia. Quanto maior for a preocupação em "fechar" a proposta de compreensão assim produzida, maiores serão as operações que fará o enunciador. Há, no entanto, textos cuja característica maior é precisamente sugerir compreensões: a abertura de tais textos é, às vezes, o próprio objetivo de sua formulação. Lembre-se, aqui, por exemplo o texto poético, cujos "espaços em branco", na terminologia de Eco, serão maiores do que aqueles de um texto científico. Como ambos trabalham na formulação do texto com a linguagem, penso que há em todos eles operações discursivas: é preciso, lógico, ver como em uns e outros estas operações se diferenciam e, conseqüentemente, diferenciam-se os textos produzidos. Em qualquer deles, no entanto, o enunciatário é uma presença obrigatória, ainda que este seja o duplo do próprio enunciador.

Isto posto, passemos a precisar melhor estas atividades de formulação textual, exemplificando com algumas operações discursivas que, por sua extrema generalidade, podem ser encontradas tanto no discurso de escolares como no discurso científico[30].

1. Operações de argumentação

Exemplo

1.1. A vida dos jovens numa cidade pequena é muito difícil. Não tem divertimentos, nem cinema todas as noites e não tem muitos empregos. Por isso os jovens vão para cidades grandes...

(de uma redação de aluno de 8.ª série)

1.2. Outro dado revelador (...) é o papel dos conhecimentos prévios partilhados que se manifestam (...) (e) que permitem um alto grau de implicitude na conversação. Ao lado destes conhecimentos, temos ainda as convenções sociais, as normas culturais e as imagens mútuas que as pessoas fazem umas das outras influenciando nos processos inferenciais e construção de informações.
(Marcuschi, 1986: 80)

Pelas operações de argumentação, o enunciador traz para o interior de seu texto "fatos", "dados", "conhecimentos" que no texto se constituem como argumentos. Em certo sentido, estas realidades "coisais" são exteriores ao texto e a ele preexistem, mas somente nos textos elas se constituem como argumentos. Como tais, são responsáveis pela constituição de um universo do enunciador, já que é neste universo, através das configurações lingüísticas, que passam a ter efetividades (embora possam referir realidades empíricas exteriores). Todos nós lembramos situações em que, depois de termos participado de um debate, nos vêm à mente outros "dados" que poderíamos ter usado na relação interlocutiva como argumentos para defender nossos pontos de vista. No entanto, tendo ficado do lado de fora do nosso texto, eles não foram considerados por nossos interlocutores.

Note-se que toda uma linha de pesquisa, a partir das operações de argumentação, tem-se desenvolvido na lingüística procurando mostrar que a função argumentativa da linguagem tem marcas na estrutura mesma do enunciado: o valor argumentativo de uma frase não é somente uma conseqüência das informações trazidas por ele, mas a frase pode comportar diversos morfemas, expressões ou torneios que, mais que seu conteúdo informativo, servem para dar uma orientação argumentativa ao enunciado.

(Ducrot, 1973: 225-226)

Em nossos exemplos, a arregimentação de dados como argumentos se dá, em 1.2., colocando-os sem uma hierarquia entre eles: ao lado dos conhecimentos partilhados, temos ainda as convenções sociais, as normas culturais e as imagens mútuas ... Em 1.1. temos uma hierarquização marcada pela presença de *"nem"*, na explicitação da afirmação "não tem divertimentos, nem cinema todas as noites". Note-se que não haver sessões de cinema todas as noites é o melhor exemplo para confirmar "não tem divertimentos". A sensação de quebra na seqüência do texto se dá precisamente porque logo a seguir aparece outra afirmação: "não tem muitos empregos" que serve de argumento ao que se disse passos antes, no primeiro enunciado, o que torna a seqüência "nem cinema todas as noites" uma espécie de "argumento" intercalado na seqüência linear do texto. Note-se a diferença se o texto fosse organizado marcando-se esta intercalação:

1.1'. A vida dos jovens numa cidade pequena é muito difícil. Não tem divertimentos (nem cinema todas as noites) e não tem muitos empregos.

ou, mantendo-se os argumentos do aluno reorganizados em sua ordem

1.1''. A vida dos jovens numa cidade pequena é muito difícil. Não tem muitos empregos e não tem divertimentos: nem cinema todas as noites.

No que tange ao trabalho do professor, a tarefa é chamar a atenção para a organização destes argumentos no texto: o professor realiza, então, operações sobre operações.

Por fim, note-se que os mesmos fatos, os mesmos dados, são trazidos para o texto (e portanto para o universo do enunciador) de forma a atender seus objetivos no processo em que está engajado. Argumenta-se sempre a favor de um ponto de vista, e este pode variar utilizando-se dos mesmos fatos (mas não mais dos mesmos argumentos, porque sua orientação se altera). Exemplo típico pode ser visto em frases como

1.2. Pedro matou, mas foi em legítima defesa.
1.3. Foi em legítima defesa, mas Pedro matou.

As continuidades de 1.3. e 1.4. serão obviamente diferentes[31].

A argumentação que se processa num discurso não pode ser reduzida a uma forma lexical única, de vez que ela se dá pela atividade global dos sujeitos. A argumentação, que ocorre nos discursos em geral e no discurso científico em particular, já que neste se articulam aspectos construtivos e reflexivos, informativos e persuasivos, tem formas diferentes de aparecimento em diferentes discursos. No discurso científico, há diferenças quando se observam discursos de pesquisa (de criação de conhecimento), discursos didáticos (de transmissão de conhecimentos) e discursos de vulgarização (de simplificação e difusão). Nos discursos de comunicação de conhecimentos que visam a adesão do destinatário pode-se, com Roventa-Frumusani (1984), identificar três relações intersubjetivas básicas:

a) uma relação persuasiva do locutor sobre o interlocutor, de que são exemplos as relações das díades professor/aluno, adulto/criança, especialista/não especialista;
b) uma relação epistêmica, que toma o próprio objeto de conhecimento como sua fonte e que expressa sobre ele, nos enunciados, as hipóteses, as asserções explicativas, as controvérsias entre diferentes explicações, etc.
c) uma relação fiduciária, porque supõe no locutor um conhecimento e uma autoridade suficientes para tratar do objeto sob mira e no interlocutor uma confiança no locutor para que a adesão se processe.

Como se vê, as operações de argumentação envolvem tanto o trabalho dos sujeitos no que tange às expressões lingüísticas utilizadas quanto aos sistemas de referências postos em funcionamento junto a estas expressões. Mas também remetem à própria relação intersubjetiva, envolvendo questões de interesse, adesão e crença do interlocutor, em novas crenças, num tempo posterior, se as explicações do locutor sobre o objeto tema do discurso forem bem sucedidas.

2. Operações de inscrição de um objeto numa determinada classe ou a divisão de determinada classe em subcategorias[32]

Exemplos

2.1. O meu *balãozinho* fui eu mesmo que fiz, com papel fino e com muitas cores. Ele é bem *brasileiro*, porque as suas cores são azul, amarelo, verde e branco[33].

2.2. A etnologia assenta a classificação dos *seres humanos* sobre uma série de dualismos. Ela se serve da distinção *povos civilizados* e *povos primitivos*.

Com estas operações, presentes em toda a ação de representar o mundo, o enunciador seleciona e organiza "ingredientes" através dos quais apresenta os objetos a que se refere. Em geral, quando se trata de apresentar um objeto do mundo concreto mas desconhecido, segundo a imagem que faz o enunciador de seus interlocutores, há grande densidade de operações de "ingrediência"; quando se trata de falar sobre uma experiência comum, compartilhada, a densidade é menor. Creio que se pensarmos as próprias configurações textuais mais amplas, certas expressões caracterizadoras da configuração operam a inscrição do texto como um todo no interior de certa classe, como se pode ver em

2.3. *Era uma vez* uma cachorra que se chamava Fofinha. Era ela muito sozinha, ela não tinha nenhum amigo e nenhuma amiga[34].

que situará o que se segue a "Era uma vez" numa certa configuração: uma história sem qualquer compromisso com a verdade.

3. Operações de inscrição de um objeto numa forma deverbal

Exemplos

3.1. *O ensino, a pesquisa e a extensão* são partes integrantes de um programa universitário. A *articulação* das diferentes ações em cada campo é uma necessidade.
3.2. Nós sabemos o que são *os mitos*. A *formalização* deles coloca em evidência as invariantes na sua estrutura.

Tratando-se de uma forma deverbal, a noção dela resultante predica os elementos a que se articula. Assim, no exemplo 3.1. atribui-se ao ensino, à pesquisa e à extensão a propriedade de serem articuláveis (ou não, se a seqüência fosse "A articulação das diferentes ações em cada campo é impossível"). O mesmo vale para o exemplo 3.2., em que os mitos são apresentados pelo enunciador como formalizáveis. Como aponta Miéville, estas operações são interessantes na medida em que referem, pelo deverbal, a uma ação sobre o objeto, ação cujos agentes não são explicitados. Nomeando-se só o processo, as instâncias agentivas e decisórias passam sob silêncio. Orlandi (1981) analisando livros didáticos de história, aponta para outras formas de silenciamento dos agentes, como se pode ver em

3.3. Ainda em Abril de 1964, foi publicado o Ato Institucional que estabeleceu, para a escolha do Presidente da República, a eleição indireta: o Presidente não seria mais eleito pelo voto de todos os eleitores (eleição direta) mas, sim, pelo voto dos deputados e senadores[35].

Estas formas de silenciamento não são, no entanto, resultantes do tipo de operação de inscrição de um objeto numa forma deverbal. Nestas o importante é notar que o enunciador se responsabiliza pelas propriedades que atribui através dos deverbais aos objetos de seu discurso e por elas vai constituindo estes objetos de uma determinada forma.

4. Operações de determinação

Exemplos

4.1. *Sócrates* e *Chico Buarque* encontram-se no aeroporto. O *cantor* e o *jogador* discutiram os rumos da democracia corintiana[36].
4.2. A *interpretação estrutural* dos mitos interessou a mais de um antropólogo. *Esta revolução* foi mesmo determinante.

Pelas operações de determinação, renomeiase e qualifica-se o objeto do discurso. Em nosso exemplo 4.1. esta retomada co-referencial se faz pela especificação profissional dos sujeitos de que se fala; em 4.2. a retomada, mais do que co-referir, qualifica ao mesmo tempo "a interpretação estrutural". As determinações quando relativas a seres do mundo permitem identificar a referência na realidade factual, mas ao mesmo tempo elas não se fazem gratuitamente, já que a nova pista fornecida é também uma forma de predicação do objeto a ser identificado.

5. Operações de condensação

Exemplos

5.1. Uma certa tradição associa muito facilmente o pensamento primitivo ao pensamento infantil e à consciência mórbida e patológica. Uma *tal assimilação* não é, em razão de seu caráter global, aceitável.
5.2. A competência em leitura não se define por si, mas a partir de diferentes relações que consideram o tipo de saber envolvido, os objetivos da leitura, o nível de escolarização. São *estas relações* que tornam impossível uma só definição.

Como mostram os exemplos, as condensações podem retomar tudo o que se disse antes, ou parte do que se disse (5.1. e 5.2., respectivamente). No discurso, elas permitem sempre prolongar o que se disse anteriormente, oferecendo novas especificações.

6. Operações de simbolização

Exemplos

6.1. *Os alunos da 4.ª série* estão muito irrequietos hoje. *Estes moleques* não têm jeito mesmo.
6.2. *As etnias* que não conhecem a escrita podem enumerar os nomes de plantas e animais. *Os selvagens* distinguem os elementos em espécies e gêneros.

Ao renomear os objetos, associa-se-lhes o valor simbólico historicamente presente no novo nome utilizado. Este valor simbólico é, por isso, marcado socialmente e o enunciador, ao referir por outro nome, associa-se a este valor. Diferentemente das operações de determinação, onde a renomeação remete mais à especificação do objeto, a simbolização remete mais a valores sociais, normalmente com fortes marcas ideológicas.

7. Operações de explicitação

Exemplos

7.1. É *uma seqüência confusa de acontecimentos catastróficos* que Guillaume pretende ter assistido... *Há signos no céu, pedras chovendo... cidades inteiras são destruídas*[37].
7.2. São revistas *especializadas*: para *homens* e para *mulheres*.

Pela explicitação, em certo sentido retoma-se o que foi dito abreviadamente apresentando-se cada um dos aspectos envolvidos ou precisando-se a afirmação anterior. Os exemplos que se seguem a um conceito são formas de explicitar este conceito. No discurso didático as operações de explicitação são, em geral, muito freqüentes. Não se trata de uma repetição, nem mesmo de uma expressão correferencial, mas de uma forma de "enumeração" que concretiza, em cada uma das enumerações, o que foi referido pela expressão explicitada.

8. Operações de explicitação de forças ilocucionárias

Exemplos

8.1. Vou falar com seu pai, ameaçou o professor.
8.2. Vou falar com seu pai, prometeu o professor.

Como vimos em 1.3.2., as forças ilocucionais dos atos de fala não são sempre explícitas; o uso de um verbo no modo imperativo não é, absolutamente, garantia de que se trata de um ato de fala de ordem; uma interrogação pode ser uma ameaça, etc. Esta "indeterminação relativa" dos esquemas marcadores de atos de fala exige, freqüentemente, que o enunciador explicite claramente a força ilocucional de suas falas ou, na narração, de falas das personagens, trazidas para seu texto. Em nosso exemplo, a seqüência "vou falar com seu pai" pode tanto servir para uma afirmação, uma ameaça, uma promessa de interceder em favor do interlocutor, etc. Em 8.2., apesar do uso do verbo *prometer*, não se afasta que "vou falar com seu pai" possa ser uma ameaça: permanece a ambigüidade do ato de fala praticado, mas aponta num sentido que caracteriza a promessa tal como descrita por Searle — a ação prometida beneficia o interlocutor. Esta interpretação, por seu turno, está totalmente afastada em 8.1. Como se sabe, na explicitação das forças ilocucionais praticadas também se avaliam tanto o dito quanto o sujeito da enunciação: é o que demonstra Marcuschi (1982) ao analisar "as estratégias jornalísticas" tomando como tema de reflexão os verbos utilizados na introdução de falas das fontes de informação dos jornalistas. Tais verbos revelam não só a força ilocucional atribuída ao enunciado, mas também a atitude do sujeito que as cita diante de diferentes falas e de diferentes sujeitos enunciadores, como se pode ver em

8.3. Passarinho garante que Figueiredo está apenas gripado[38].
8.4. Passarinho diz que Figueiredo está apenas gripado.

9. *Operações de inclusão de falas de terceiros*

Exemplos

9.1. Eu um dia tive que vir para a escola de ônibus. Eu comecei a reparar nas pessoas, e percebi que todos estavam resmungando sobre o problema do ônibus: a hora que ele passa, que ele demora muito, que vive cheio, que tinham que colocar mais ônibus na linha, etc...

(de uma redação de aluno de 6.ª série)

9.2. No caso da equivalência semântica (entre duas expressões parafrásticas), a natureza da tensão gerada é outra. A tensão surge do conflito entre a equivalência muito forte entre dois enunciados e a necessidade imperiosa de progressão conversacional. E não é em repetições ou quase-repetições que a progressão conversacional encontra a melhor forma de se realizar. Mas, segundo Fuchs (1982: 29 e 30), "tudo a que se possa recorrer, no estrito sentido lingüístico, para estabelecer uma identidade de sentido, funciona sempre, na prática discursiva concreta, como um avanço, como um desdobramento de sentido. Há sempre progressão discursiva, argumentativa, jamais real repetição ou tautologia, ou simples decalque de sentido".

(Hilgert, 1989: 349)

Nos dois exemplos, encontramos o fenômeno da citação de falas de terceiros. Estas inclusões, evidentemente, obedecem a objetivos diferenciados, sobrepondo-se neste tipo de operações outras operações concomitantes. No exemplo 9.2., a citação direta de Fuchs, no interior de um discurso científico, funciona ao mesmo tempo como uma espécie de ressalva, para mostrar que a tensão entre repetição/progressão é significativa no discurso (isto no que tange ao dito) e também como argumento de autoridade (isto no que tange à enunciação do discurso que cita). No exemplo 9.1. temos três operações simultâneas: a inclusão das falas observadas na forma de um discurso indireto, a explicitação dos resmungos, pela enumeração destas falas que explicitam uma expressão que as condensava, operação de explicitação de força ilocucional com avaliação (resmungar). Introduzir a fala de outros como "resmungos" é opinar sobre estas falas, já que ninguém resmunga a favor de alguma coisa...

Authier-Revuz (1982) inaugura estudos sobre a heterogeneidade, que divide em dois tipos: heterogeneidade constitutiva e heterogeneidade mostrada. Sobre estas, suas análises mostram várias formas pelas quais, num discurso, se conotam as vozes de outros. Isto pode se dar: pelo uso de certa variedade lingüística que remete a terceiros não envolvidos no processo interlocutivo; uso de expressões de dúvida ou reserva, como *x*, *se me permitirem a expressão*, ou uso de expressões que delimitam significados de palavras, como em *x*, *no sentido de y*, etc.

Os exemplos que utilizamos em 1.3., especialmente os exemplos 1, 9, 10 e 11, mostram formas de inserção, no discurso, de vozes de outros. A heterogeneidade é conseqüência do fato de que

a língua não se realiza a não ser atravessada pelas variedades de discursos que se relativizam uns aos outros num jogo inevitável de fronteiras e interferências. (...)
nenhuma palavra vem neutra do "dicionário"; elas

estão sempre "habitadas" pelos discursos em que veicularam sua vida de palavras, e o discurso se constitui então por uma caminhada dialógica feita de acordos, rejeições, conflitos, compromissos (...) com outros discursos (...) entre estes discursos, um, aquele que o locutor atribui ao interlocutor, determina, por um parâmetro dialógico específico, o processo dialógico do conjunto.

(Authier-Revuz, 1982: 140)

10. Operações de salvaguarda

Exemplo

10.1. O título deste trabalho (*Sobre discurso e texto: imagem e/de constituição*), por referir dois possíveis campos extensos e controversos aos quais dedicam sempre mais esforço já numerosos lingüistas, poderia, talvez, dar uma falsa impressão de suas intenções. Por esta razão, apresso-me em delimitar meu campo, restringindo-o drasticamente de duas maneiras...

(Possenti, 1981: 39)

Como já afirmamos em outra passagem, nos processos interacionais tanto constituímos nossas identidades quanto as ameaçamos. As operações de salvaguarda têm a função de evitar possíveis outras interpretações que o enunciatário poderia dar ao que se disse. No nosso exemplo 10.1., isto refere ao próprio título do texto que se vai ler; as operações de salvaguarda garantem um pouco o enunciador dos riscos que corre por se constituir como tal. Ao mesmo tempo, elas delimitam o tema ou os pontos de vista a partir dos quais o tema será tratado, embora nem sempre haja esta coincidência.

11. Operações de vocalização ou lexicalização de atitudes

Exemplos

11.1. Eu comecei a reparar nas pessoas conversando, e percebi que todos estavam *resmungando* sobre o problema do ônibus (...)
11.2. — Não! *gritou* ele, e bateu com o pé no chão.
— Não tenho medo, *replicou* Bastian *calmamente*.
— Mente! *rugiu* Hynreck, o Herói, vermelho de cólera.
— Herói Hynreck, *disse* Bastian *lentamente* ...
(Ende, M. *A história sem fim*, 1985, p. 227)[39]

Diferentemente das operações de explicitação das forças ilocucionais, neste tipo de operação o que ocorre é a lexicalização, enquanto um dos recursos da língua escrita, de atitudes dos locutores que, na oralidade, se manifestam por fenômenos suprassegmentais (prosódia, tons, entonações, silabações, etc.).

A qualidade de voz tem sua descrição, na escrita, através de referências que o autor faz das atitudes dos personagens, associando ao que dizem, suas emoções e sentimentos. Como ouvintes de determinada língua, em determinada cultura, somos capazes de entender, na fala, as atitudes dos falantes, ou traduzir determinada atitude, em determinado contexto, numa fala apropriada. A escrita, em vez de representar a qualidade de voz através de sua expressão fonética, usando marcas especiais na escrita, representa as atitudes do falante, que é a contraparte semântica do fenômeno, e deixa para o leitor a tarefa de reconstruir a parte fonética.

(Cagliari, 1989: 200)

Evidentemente, nem sempre os recursos da escrita são lexicais: há outras marcas, como vírgulas, pontos, ponto-e-vírgula, hífens, caixa alta, negrito, sublinhado, etc. utilizáveis nestas operações.

12. Operações metadiscursivas[40]

Exemplos

12.1. (diálogo ocorrendo ao meio-dia, entre três pessoas)

Loc1 — Hoje está impossível andar de carro no centro. Estive na cidade na hora do pique, às 5 da tarde, e levei uma hora para chegar em casa.

Loc2 — Hoje você foi para a cidade?

Loc3 — Hoje não, *entenda*. 'Hoje' no sentido de 'atualmente'.

12.2. A distinção entre o conteúdo de ensino e o resultado do trabalho científico é conseqüência de todos estes fatores. *Repetindo o que disse...*

As operações metadiscursivas põem sob mira as próprias condições em que o discurso está se processando, ora dirigindo-se aos seus destinatários, perguntando sobre a compreensão do que se está dizendo, ora comentando o que se está dizendo, ora "corrigindo" interpretações (como em 12.1.), ora referindo-se ao que se vai dizer (como em 12.3.), ora definindo condições sobre a continuidade do discurso. Quando dirigidas ao destinatário, podem convidá-lo à escuta, chamar sua atenção sobre o que se está dizendo, ou sobre as expressões que estão sendo usadas. Nos turnos conversacionais que *avaliam* o desenvolvimento do tema, temos tipicamente operações metadiscursivas: falas como "estou entendendo", "continue", "repita, por favor", "como é?", marcam nas conversações a presença deste tipo de operação. Em textos escritos, expressões como "Inicio este texto tomando a questão X para nossa reflexão..." ou como "P, e dizendo P, termino", põem o próprio dizer no dito. Estas operações, evidentemente, remetem às atividades epilingüísticas e metalingüísticas tratadas em 1.3. deste trabalho.

13. Operações de exemplificação

Exemplo

13.1. Quando falamos nós praticamos ações, como por exemplo, quando digo "Eu prometo que X", eu estou prometendo. Então a fala não só refere ao mundo, mas cria no mundo realidades novas.

Com estas operações o que surge como exemplo suspende o curso do que se vem tratando e ao mesmo tempo a ele se integra, funcionando como explicitação do que se está dizendo. Evidentemente, a exemplificação pode remeter a outros discursos, sobrepondo-se, portanto, operações num só material concreto: com os exemplos pode-se introduzir outras falas; pode-se refletir sobre as expressões que estão sendo usadas, etc.

O interessante deste tipo de operação é que o exemplo entra no discurso integrado ao que o precede e ao que o sucede, mas ao mesmo tempo, ao estilo do "fait divers": para que a exemplificação produza os resultados que espera o locutor, deve conter em si uma informação total, sem necessidade de remeter formalmente a nada que não ela própria. Ou seja, o exemplo deve valer por si para que possa sustentar o que quer comprovar, sob pena de ele próprio exigir, por seu turno, uma digressão no discurso que leva a se tomar o exemplo por tema e não fazê-lo servir ao tema de que se tratava. Nos estudos de retórica, salienta-se a importância persuasiva da exemplificação. Vignaux (1987) estuda discursos que contêm "fábulas" como exemplos, mostrando que eles operam um deslizamento pela analogia e a assimilação em outros domínios de sentido, de modo que a fábula adquire um sentido novo em função do discurso que a incorpora. Os provérbios funcionam, nos discursos, de forma semelhante.

14. Operações de ambigüização

Exemplos

14.1. SANTO DE PORRE NO ALTAR.
14.2. Diário de Narciso — Discurso e afasia.
14.3. Um discurso já com tradição.

Como todo trabalho lingüístico que busca uma determinação do sentido, fornecendo ao interlocutor um conjunto de pistas que lhe permitam, na compreensão, *um* sentido, as operações de ambigüização também o fazem, mas de uma forma aparentemente paradoxal. Elas inscrevem o que se diz num jogo de ambigüidades cujos sentidos passam a ser parte integrante do discurso. É óbvio, nem sempre o interlocutor, no processo de compreensão, recupera através das expressões usadas os sentidos originais que estas expressões têm/tiveram em outros discursos que o locutor pretende sejam incorporados a seu discurso. Em nossos exemplos, 14.1. é manchete interna de um jornal brasileiro, e o processo de ambigüidade está no jogo entre a palavra "porre" (pronúncia "pórre"), enquanto substantivo comum que remeteria à bebedeira e "Porre" (pronúncia pôrre), nome da cidade onde viveu a pessoa que foi canonizada pela Igreja Católica. Nosso exemplo 14.2. é um título de livro (Coudry, 1988). Ao mesmo tempo que Narciso remete a um dos sujeitos afásicos cujos dados foram analisados no estudo, remete também ao mito de Narciso e por esta via introduz-se todo o discurso sobre Narciso e o narcisismo. Apesar do subtítulo

(Discurso e Afasia), o sentido original de *Narciso* é, obviamente, mais forte. Em conseqüência o leitor pode imaginar que a obra trata do narcisismo; é um romance (a expressão *Diário* é uma pista para isso); é um livro sobre psicologia, sobre mitologia, etc. Todos estes sentidos, invocados pelo título, estão em verdade presentes na construção do sentido da expressão. Em 14.3., a seqüência "com tradição" pretende remeter o leitor à expressão "contradição", uma vez que os discursos recolhidos sob o título "Um discurso já com tradição" (item 3.1. deste trabalho) são de autores diversos no tempo e na perspectiva a partir da qual falam, mas todos se opondo ao ensino tal como praticado.

Douay (1988) estuda este tipo de operações, analisando os processos utilizados para cunhar "slogans" ou manchetes, na propaganda e na imprensa. Segundo suas conclusões, o procedimento "consiste em tomar uma fórmula estereotipada muito comum e operar substituições de lexemas conservando a estrutura da frase original" (p. 21).

O número de operações discursivas com que o enunciador constrói seu texto é muito maior do que as aqui apontadas a título de exemplos. Há operações de retificação, de correção, de topicalização, de retomadas de temas, de distribuição dos conteúdos no texto, de enumeração, de restrição de sentidos, de ampliação de sentidos das expressões, de inclusões de digressões (marcadas desde seu início ou marcadas em seu final), etc.

Resumamos, em tópicos, os pontos de vista defendidos:

a) a atitude de reflexão sobre a linguagem inverte a prática corrente no ensino, tomando as atividades epilingüísticas como fonte ou ponto de partida para reflexões mais aprofundadas;

b) estas reflexões, partindo dos textos dos alunos, retornam aos textos num movimento que leva à reescrita de tais textos em função das razões de ser destes textos;

c) a comparação de diferentes formas de construir textos é que leva à compreensão da existência de múltiplas configurações textuais, de variedades lingüísticas e, no confronto destas, à aprendizagem de novas configurações ou ao processo de construção de nova variedade padrão;

d) a análise lingüística a se praticar em sala de aula não é simples correção gramatical de textos face a um modelo de variedade e de suas convenções: mais do que isso, ela permite aos sujeitos retomar suas intuições sobre a linguagem, aumentá-las, torná-las conscientes e mesmo produzir, a partir delas, conhecimentos sobre a linguagem que o aluno usa e que outros usam.

CONCLUSÃO

DE FEITO, MUITO A FAZER

> Não é para entender que nós pensamos
> é para sermos perdoados.
> (Adélia Prado, *Reza para as quatro almas*
> *de Fernando Pessoa*)

Este trabalho buscou suas fontes em outros trabalhos: nestes, foi o convívio com professores de 1.º e 2.º graus que mais me ensinou, porque foi o estar junto com eles que me levou a leituras, a discussões, a reflexões que inspirassem algumas saídas para os problemas cotidianos. Beneficiei-me com a riqueza de suas preocupações: elas me permitiram a leitura de textos que, provavelmente, jamais procuraria não fossem suas perguntas.

O que se leu é, portanto, ao mesmo tempo meu e de outros. Cabe-me a responsabilidade de ter organizado o texto da forma que o organizei: no primeiro capítulo tentando aprofundar as conseqüências de uma concepção de linguagem; no segundo capítulo procurando compreender melhor a crise do ensino de língua portuguesa, correlacionando a construção do objeto da ciência com a construção dos conteúdos de ensino e, por fim, no terceiro capítulo, tematizando a prática da produção de textos, a prática da leitura de textos e a prática da reflexão sobre a linguagem.

Exemplificando atividades de produção, de leitura e de análise lingüística, penso ter fornecido algumas explicitações de caminhos para um ensino que se assuma como uma *aventura* e produção de conhecimentos e não mera reprodução. A aventura intelectual a que se convidam professores e alunos nada tem a ver com espontaneísmo. É possível planejar esta aventura, estabelecer objetivos bastante claros, mas fundamentalmente não é pela sistematização de conhecimentos já produzidos por outrem que se forma uma atitude de pesquisa. Mais facilmente esta sistematização produz sujeitos que repetem e não sujeitos que buscam construir seus próprios pensamentos. A busca do já produzido não faz sentido quando a reflexão que a sustenta é sonegada a quem apreende. Esta busca deve ser resultado de perguntas e de reflexões, e não de mero conhecimento do conhecido.

Por fim, é preciso reconhecer que

... há uma diferença enorme entre observar os fatos físicos e os fatos lingüísticos. O físico solta uma pedra de lá de cima e, se a teoria dele diz que não cai e cai, mata pessoas. Agora, se digo para você que substantivo é a palavra que dá nome aos seres e uma outra pessoa diz que não, que substantivo é a palavra que se toma como argumento na posição da frase, ninguém morre, compreendem? Não é verdade que uma teoria lingüística adotada hoje forneça um bom instrumento de análise para o professor. Quando se faz uma teoria lingüística, o interesse é examinar conjuntos de fatos muito particulares e vocês não podem fazer isso, porque na sala de aula não aparece o fato exemplar, aparece tudo de uma vez.

Se voltasse a dar aula hoje, só faria atividades epilingüísticas, como fazia já no Colégio de Aplicação, em 51. E a gramática, ensinaria em duas ou três semanas, no colegial. Durante esse período todo, eu falaria da linguagem para os meus alunos. O problema é que temos de ter algumas noções intuitivas com as quais possamos manipular essa linguagem durante esse período.
(Franchi, 1989: 187 e 194)

A reflexão aqui feita tinha por objetivo fornecer algumas destas noções intuitivas, nas três grandes áreas de atuação do professor de língua portuguesa. Sua utilidade depende de se ultrapassarem as práticas correntes do ensino onde

o que a escola cada vez mais oferece não são os processos do conhecimento mas seus produtos já elaborados e na maioria já mutilados, defasados, desgastados. O ensino nas escolas para o povo, cada vez mais se torna reiterativo; não há lugar para pensar, criticar, elaborar, construir, criar, produzir. Não há tempo para isso.
(Mazzotti, 1986: 113)

Possivelmente, uma proposta como a aqui esboçada exigirá que o professor, de qualquer nível de ensino, no jogo institucional, abandone a posição de guardar para si o território de detentor/transmissor de um saber para se colocar, com os alunos, em outro território: o da construção de reflexões e, portanto, de conhecimentos a propósito da linguagem. Enquanto interlocutor de seus alunos, seus conhecimentos funcionariam como subsídios para a reflexão, na interação de sala de aula.

Para mim, estes estudos do professor e dos alunos, como quaisquer outros, só serão significativos se inspirados na *utopia* compartilhada que faz do homem companheiro do homem.

> Se, em conseqüência, tenhamos que entrar na sala de aula, tal como o prof. Keating, personagem do filme *Sociedade dos poetas mortos*, para buscar os nossos pertences enquanto outro profere a aula respaldada pela Instituição, tudo terá valido a pena se alguns de nossos ex-alunos, companheiros, subirem em suas mesas e, olhando o mundo de outro ângulo, nos saudarem em despedida

porque teremos, então, realizado a utopia e poderemos construir novas utopias. Estaremos, na continuidade, concretizando a profecia do poeta:

> Quando nasci, um anjo torto
> desses que vivem na sombra
> disse: Vai, Carlos! ser *gauche* na vida.
> (Carlos Drummond de Andrade)

NOTAS

NOTAS DA INTRODUÇÃO

1. O pouco de memória aqui incluído talvez valha mais para o autor do que para o leitor. As "memórias" explicitam também o porquê das opções feitas.
2. Uso a partir daqui expressões como "sistema escolar", "recursos humanos", etc. sem qualquer afiliação à teoria sistêmica da educação. Incorporadas a nosso vocabulário cotidiano, guardam estas expressões as suas raízes. Só terei vantagens se um analista de discurso me apontar o quanto destas raizes foram por mim incorporadas nas próprias análises.
3. Arroyo chama a atenção para o tratamento diferenciado que a Constituição de 1988 dá ao professor e aos trabalhadores em geral, mantendo uma visão da escola como um lugar de "missionários", de "gente de boa vontade" e não de trabalhadores:

> "Art. 206: O Ensino será administrado com base nos seguintes princípios — Quinto Princípio: VALORIZAÇÃO dos profissionais de Ensino." A palavra valorização ainda carrega, no meu entender, aquela conotação de que o educador é uma peça rara, que tem de ser valorizada. Essa mesma Constituição, quando cita os Direitos dos Trabalhadores em geral, não utiliza a palavra VALORIZAÇÃO. Aceita que o trabalho se dá em relações mercantis, em que as questões são equacionadas e garantidas em lei, enquan-

to direitos. É preferível garantir os direitos do trabalho a valorizar o profissional. Nunca se recomenda a patrões, em qualquer Constituição, que valorizem seus trabalhadores. Diz-se: os direitos de todo trabalhador são estes, se não os respeitar, a Lei está aí para garanti-los. Os patrões vêm sendo forçados, pelos trabalhadores do ensino, a reconhecerem seus direitos. O Estado resiste a essa concepção mais moderna.

(Arroyo, 1989: 61)

4. Creio que uma das melhores confirmações que se possam ter deste trabalho de inculcação da ideologia da incompetência se revela por frases de pais de alunos evadidos da escola: "Meu filho não nasceu para estudar."

5. Note-se: não estou dizendo que cursos de atualização são em si um mal. O mal está no fato de que eles não são parte de uma política mais ampla de formação no trabalho (aliás, política de recursos humanos que até empresas privadas se orgulham em manter e a mantém para melhorar a eficiência do trabalho e a quantidade de seus lucros). Cada curso é uma ilha no processo de desqualificação que as condições de trabalho do professor vão produzindo. Neste contexto, uma atualização acaba por dizer, implicitamente, ao professor, o quanto ele se desqualificou no tempo de trabalho. Pior ainda quando tais cursos, como se sabe, são ministrados aos estamentos burocráticos do sistema e não àqueles que, efetivamente, estão em sala de aula. O contexto em que tais cursos se dão é bem descrito por Maria Lisboa de Oliveira, no que concerne à política de capacitação dos profissionais da educação:

> Eu acho que a prática da capacitação está ligada à concepção da própria prática docente. Essa concepção, hoje, no meu entender, é de que o docente é aquele que tem uma série de conhecimentos ou que, pelo menos, deveria ter, e tem como função passar esses conhecimentos para o aluno. Então, a prática de capacitação vem a ser você passar, para esse docente, esses conhecimentos, o que equivale a "encher a cabeça" dele desses conhecimentos, para que ele os repasse ao aluno. Para mim, essa concepção tem até um pouco da noção física de que a cabeça do docente é um vaso que você enche e que, na prática, ele esvazia. Quando ele passa o conhecimento, é como se ele estivesse esvaziando a cabeça. Então, ele tem de voltar aqui para receber, encher a cabeça de novo, para depois despejar o que ele já aprendeu em cima do aluno. Portanto, é uma prática interminável. Eu acho que esta tem sido a concepção de capacitação. E isso, realmente, na minha cabeça não cabe, porque, de fato, a possibilidade de o docente se enriquecer, crescer e se capacitar na prática é o que há de mais seguro.
>
> (Oliveira, 1989: 99-100)

6. Na seqüência da exposição de Manacorda, a modernidade de Diderot se comprovaria pela defesa que faz do trabalho parcelado. Estávamos no início do século XVIII. Hoje, o parcelamento do trabalho já mostrou seus resultados e mereceu críticas contundentes. Evidentemente, ao retomar aqui esta

passagem de Diderot, e outras semelhantes que aparecerão no curso do trabalho, faço-o na esteira de Manacorda. A leitura do texto de Manacorda fez, às vezes, lembrar leituras antigas (*Cartas persas*, de Montesquieu, por exemplo) e às vezes criou a vontade de ler autores que desconheço. Espero por isso que o leitor veja nas citações apenas o retorno de falas, e não um estudo meu destes autores e de suas falas.

7. Constituiu-se, então, um grupo de trabalhos: Raquel Salek Fiad, Lilian Lopes Martin Silva, Denise Bertoli Braga. Para cada encontro, mil reuniões; em cada reunião, mil caminhos.

8. Em todo este trabalho, a expressão *sala de aula* não remete ao espaço físico em que a ação pedagógica se dá, mas à própria ação que se dá nele ou fora dele, enquanto *aula*.

NOTAS DO CAPÍTULO 1

1. A tradução para o português de textos citados na bibliografia em língua estrangeira é de minha responsabilidade.

2. Para o desenvolvimento dos tópicos sobre a historicidade da linguagem, do sujeito e suas ações lingüísticas e dos contextos sociais das interações (neste capítulo) e dos demais tópicos deste trabalho, utilizo conceitos provenientes de diferentes quadros teóricos. Minha preocupação não é situar tais conceitos no interior das perspectivas em que foram construídos, retomando cada um deles para explicitá-los e, pela explicitação, estabelecer as diferenças e aproximações possíveis. Ao contrário, tomo-os como inspirações para a reflexão que estou tentando realizar, articulando as fontes que as inspiram. Minha tentativa de articular um único texto com tão diferentes inspirações (que, como tais, podem estar traindo os autores dos conceitos), resulta do lugar a partir do qual li os textos, dentre os quais é preciso destacar: Franchi (1977), Wittgenstein (1975), Bakhtin (1977), Túlio de Mauro (1966), Récanati (1969), Benveniste (1966), Osakabe (1979), Possenti (1988), Coudry (1988), Searle (1969), Granger (1968), Ducrot (1984), Lahud (1975), Foucault (1971), Orlandi (1988), Rossi-Landi (1968), Habermas (1965). A reunião de todas estas fontes não é, porém, aleatória. Em todas há uma preocupação com a problemática geral da enunciação, da subjetividade, da historicidade, do trabalho lingüístico e do trabalho científico. As citações, diretas ou não, destes e de outros autores que, para outros efeitos e para outros estudos, poderiam ser distanciados por suas diferentes preocupações e por suas "filiações" a diferentes programas e perspectivas de pesquisa, representam sobretudo pontos relevantes para a reflexão por mim desenvolvida.

3. Uso "expressões lingüísticas", "recursos lingüísticos" e "recursos expressivos" como expressões sinônimas. Como

expressões gerais, elas recobrem objetos de natureza distinta. O leitor poderá notar, no decorrer deste trabalho, que a análise dos exemplos ora dá relevo a recursos gramaticalizados (como a ordem, as funções, as categorias e as regras ou princípios abstratos de combinação e construção de enunciados), ora dá relevo a recursos não gramaticalizados (como a seleção de itens lexicais, deslocamentos de sistemas de referência, mudança ou conjunção de diferentes variedades lingüísticas, etc.). Na singularidade de cada acontecimento discursivo, o trabalho dos sujeitos (suas operações discursivas) e o trabalho da linguagem se encontram: o transitório e o estruturado se entrecruzam, um e outro limitando-se e, nestes limites, reconstruindo-se na história do trabalho lingüístico. Neste, novos recursos expressivos são construídos: seu "tempo de vida" poderá limitar-se ao tempo de seu aparecimento numa situação específica ou poderá vir a se gramaticalizar como recurso estruturado e sempre disponível. No estudo das ações com a linguagem, das ações sobre a linguagem e das ações da linguagem, neste capítulo, e no estudo de algumas operações discursivas (item 1.2.3.), os exemplos utilizados ora relevam do gramaticalizado ora relevam do não gramaticalizado. Um e outro se limitam: o gramaticalizado limitando as possibilidades do trabalho de construção das "expressões lingüísticas" de um discurso singular; este, por seu turno, produzindo e alterando os recursos gramaticalizados.

4. Voltarei, quando tratar da *ação da linguagem*, à noção de sistemas de referências. Por enquanto, entendamos a expressão como se referindo à organização não formal de modos de ver e compreender o mundo, explicando-o à luz de uma determinada cultura histórica.

5. A *língua*, enquanto objeto científico, resulta de recortes que faz o cientista para se dar um objeto analisável, procedimento não só legítimo como necessário. Em certo sentido, seu trabalho, esclarecendo e explicando um "recorte", permite ver melhor inclusive os resíduos deste recorte. Evidentemente, ninguém encontrará "a língua" assim obtida: trata-se de um objeto teórico e não de um objeto empírico. O equívoco é pensar que aprendendo as explicações que são dadas a este objeto aprende-se a falar, a escrever, a interagir lingüisticamente. O recorte feito pelo lingüista é tão legítimo, na construção de objetos teóricos, como o é o recorte que fazem cientistas de outras áreas. Abstrações como "formação discursiva", entidades como "classe social", "proletariado", são construções. Como tais, úteis e de grande poder explanatório sobre os fenômenos observáveis. Pode-se discutir, isto sim, se o recorte feito pelos cientistas foi ou não um recorte adequado, e no interior dessa discussão efetuar recortes distintos,

226

e no interior dessa discussão efetuar recortes distintos, por considerar não relevantes aqueles feitos por outros cientistas. A propósito, são úteis as observações de Gadet e Pêcheux (1981) que, ao criticarem os recortes chomskianos, citam Chomsky e sua forma de se dar objetos; e a crítica de Umberto Eco a Bernard Henry Lévy de *La barbarie à visage humain*. Transcrevo passagens que me parecem significativas:

> Na perspectiva chomskiana inicial, o lingüista não constrói sistemas lingüísticos artificiais senão na medida exata em que um físico descreve o comportamento de objetos idealizados num mundo artificial; trata-se então de idealização e não de modelização (p. 137).
> Explicar concerne antes de mais nada à relação que uma teoria introduz entre os dados e a representação. Chomsky faz passar esta relação pela noção de idealização, concebida através de uma comparação com a física com o descarte de fatores não pertinentes. "Você deve abstrair um objeto, deve eliminar os fatores não pertinentes. Nas ciências exatas, este princípio não é sequer discutido, vale por si. Nas ciências humanas, por causa de seu muito fraco nível intelectual, continua-se a colocá-lo em causa. Isto é desastroso. Em física, você idealiza, talvez esquecendo alguma coisa de terrivelmente importante. Isto é um dado histórico, não é preciso se inquietar" (Chomsky, 1977).
>
> (Gadet e Pêcheux, 1981: 141)

> De que maneira Lévy se dá conta, e com desiludida surpresa, de que a classe não existe? Descobrindo jamais tê-la encontrado em seu caminho. E tem razão: por acaso vocês já tomaram café, alguma vez, num bar, com o Proletariado? Desse modo Lévy faz uma descoberta avassaladora: a classe foi inventada por Marx, foi por ele postulada *a priori*, construída teoricamente, e toda a ilusão socialista baseia-se nesse objeto que deve sua existência apenas à violenta ação coletiva que o profetiza.
> Repare-se nas magníficas conseqüências destrutivas que se poderiam tirar desse procedimento de massacre epistemológico: o número não existe (foi inventado por Pitágoras e por Peano, nunca se viu o número andando pelo pátio de uma igreja), não existem nem o triângulo (um golpe de força de Euclides), nem a Ursa Maior, pois foi um astrônomo que traçou as linhas que ligam as estrelas, que até então estavam tranqüilas no seu canto. Do átomo de Bohr, então, é melhor que nem se fale. Em poucas palavras, Lévy descobriu que a ciência é feita de abstrações e de conceitos, ou seja, que a Estrutura é Ausente, e seus nervos não agüentaram.
>
> (Eco, 1977: 312)

Estou pondo sob suspeita duas questões: 1. imaginar-se que a aprendizagem da língua pode se dar pela aprendizagem dos resultados do trabalho científico e 2. que esta aprendizagem é a "apropriação" de um sistema fechado, porque considero a língua uma "sistematização aberta", o que demandaria, na construção do objeto da lingüística, tomar este aspecto como pertinente. É, aliás, o que implicaria esta passagem de Granger.

227

No espírito da racionalidade newtoniana desejar-se-ia saber o que é a onda e o que é o corpúsculo. É impossível, ainda hoje, responder convenientemente a esta questão. Tudo se passa como se esta onda ligada a um corpúsculo nada fizesse senão representar a probabilidade da presença, em cada ponto do espaço, deste corpúsculo associado. Quanto a este último, o desenvolvimento coerente da teoria exige que seja impossível dizer ao mesmo tempo sua posição exata e sua velocidade, doutro lado, sua lei de probabilidade de presença expressa pela onda associada está sujeita a uma variação brusca cada vez que uma experiência fixa um ou outro desses parâmetros. Daí essa *noção de indeterminismo* introduzida como escândalo na nova física. Os microelementos não mais são objetos no sentido comum do termo, as leis da microfísica não mais exprimem o encadeamento de diversos estados estritamente determinados.

(Granger, 1969: 72)

6. Para Franchi, a indeterminação sintática significa

> 1. que os recursos sintáticos mobilizados num determinado enunciado podem ser insuficientes, por si sós, para sua interpretação semântica;
> 2. que uma mesma relação ou função semântica pode vir expressa num enunciado por recursos expressivos redundantes;
> 3. que os mesmos recursos expressivos podem ser mobilizados, segundo diferentes estratégias, para expressar diferentes significações;
> 4. que uma função ou relação semântica pode ser expressa por diferentes recursos alternativos.

(Possenti, 1988a: 191)

Ao estender o conceito de indeterminação, quero dizer que a compreensão de um enunciado, mesmo informada sintaticamente, depende mais do que do conhecimento de um dicionário em que itens lexicais fossem "definidos", as relações entre eles fossem precisadas e as funções temáticas fossem dadas pela gramática. A compreensão depende do co-texto, de conhecimentos compartilhados, de conhecimento comum (no sentido antropológico e cultural de *comum*, envolvendo grupo de pessoas e não somente as pessoas envolvidas na interação em curso), da situação e da inscrição dos enunciados dentro de determinadas formações discursivas, entendidas estas como "explicações" que diferentes grupos dão às relações sociais, aos fatos, ao mundo dos objetos, etc.

7. A obra citada de Quine é *Palabra y objeto*, Barcelona, Labor, 1968 (tradução de *Word and Object*).

8. No próximo item, considerarei as operações discursivas enquanto atividades praticadas pelos sujeitos em seu trabalho lingüístico. De um ponto de vista mais interno ao texto, mas não sem vinculação a este trabalho, retornarei à mesma questão, com exemplos, no item sobre "a análise lingüística" (2.2.3).

9. Num quadro teórico distinto, mas não incompatível, poderíamos dizer que as contrapalavras de nossa compreensão são os "inter-

pretantes" de Peirce: uma cadeia aberta de signos com os quais se interpretam as relações entre o signo e seu objeto.

10. Os trabalhos a propósito da aquisição da linguagem, desenvolvidos no Projeto coordenado por Cláudia Lemos, parecem confirmar, já em seus inícios, este processo de reflexão sobre a linguagem pela criança. Os processos de especularidade, complementaridade e reciprocidade analisados por De Lemos são, na minha leitura, reveladores de atividades epilingüísticas feitas pelas crianças. A propósito, ver De Lemos (1982). Coudry (1988: 58-62) retoma dados e resenha as análises de De Lemos, de véz que estes mesmos processos de aquisição da linguagem estão presentes também nos processos de reconstrução da linguagem por sujeitos afásicos, objeto da pesquisa de Coudry.

11. O autor trabalha com dados do Projeto NURC de São Paulo. No exemplo, m=matriz; p=paráfrase. Os números são índices que correlacionam matriz/paráfrase.

12. qr=quase repetição.

13. Neste sentido, elas relevariam da função metalingüística de Jakobson.

14. Pela própria listagem, como se vê, as atividades epilingüísticas podem ser conscientes ou inconscientes. A escuta psicanalítica, por exemplo, estará atenta às emergências das atividades mais inconscientes (lapsos, hesitações, etc.) que podem revelar uma reflexão que não quer se expor. Nas conversações cotidianas, são as atividades mais conscientes (autocorreções, reexplicações, etc.) que importam: elas revelam imagens que se fazem os interlocutores, imagens que fazem da situação ou do registro lingüístico adequado para cada circunstância.

15. Smith (1977) defende o ponto de vista de que a estratégia geral usada é de maximização da informação disponível, já que os falantes, diante de sentenças vagas apresentadas isoladamente, interpretam-nas com grande consistência. Seus exemplos são basicamente de interpretações dos aspectos temporais das sentenças.

16. A propósito das correlações entre atos ilocucionários e perlocucionários, ver Cohen (1973).

17. Veja, a propósito, Begue (1984).

18. Sobre a contribuição dos pronomes pessoais na definição de diferentes atos ilocutórios, veja-se Zaslawsky (1979).

19. A propósito da influência do co-texto na determinação do ato ilocucionário praticado, ver Mittwoch (1976) que trabalha fundamentalmente sobre as restrições de conjunção de diferentes atos de fala; Petöfi e Kayser (1978) que trabalham basicamente com "expressões performativas e sua correlação com o contexto e o co-texto"; Motsch (1980) que trabalha com a correlação entre o que denomina de significado lingüístico

da expressão, provido por uma gramática da língua e as informações sobre propriedades do contexto situacional. Deste autor, cito uma passagem:

> Estudar os meios lingüísticos que servem para descrever ou indicar propriedades de contextos situacionais é impossível em campos puramente lingüísticos. A investigação de esquemas indicadores de forças ilocutórias tem mostrado que as fórmulas performativas usadas para indicar forças ilocutórias não podem ser consideradas como formas gramaticalizadas. As fórmulas performativas são diferentes, de um modo não sistemático, da estrutura gramatical; outros tipos de esquemas, tais como verbos modais, partículas, entonações, têm mais do que uma função. Parece ser um trabalho inútil (wildgoose chase) tentar definir tipos de ilocuções de uma perspectiva puramente lingüística.
> (Motsch, 1980: 157-158)

20. Begue (1984) trabalha com tempos verbais e definição de atos ilocucionários.

21. A análise do uso de *nós* em tais contextos como uma "fórmula performativa" inspira-se no trabalho de Fiala (1986) a propósito dos elementos discursivos do projeto de (de)construção de referências ideológicas da nova direita francesa, que toma como *corpus* de análise editoriais de jornais e revistas de direita.

22. Note-se que a presença das expressões *mais* e *um pouco* enquanto modificadores de *crescer* remeteria, por si só, a uma suposição (ou pressuposição?) de que o sujeito de crescer é alto. Veja-se a propósito de *um pouco* o estudo de Ducrot (1982), em que o autor contrapõe e estuda as expressões *peu/un peu*, que correspondem aos nossos usos de *pouco/um pouco*.

23. A propósito da retomada anafórica, em que a concordância do elemento anafórico se dá com "a partida" (referência) ou com o "alvo", veja-se Almeida (1989). Transcrevo aqui exemplos seus.

    a) Clarice Lispector está na estante, à direita. *Ele* está encapado de azul.

    b) Clarice Lispector está na estante, à direita. Você vai ver como *ela* escreve bem.

    O estudo de Almeida constata a existência de "pontos de conexão entre o estudo semântico da metáfora e questões de ordem sintática. (...) (ii) o fato de os predicadores semânticos (V, N, A, P), caracterizadores da metáfora (no presente estudo) coincidirem com as categorias sintáticas (gramaticais ou lexicais) da teoria da regência e ligação; (iii) a questão de que os verbos que indicam fenômenos meteorológicos só poderem ser usados metaforicamente quando acompanhados de um verdadeiro argumento (por ex. 'as civilizações amanhecem') e, pelo contrário, serem eles interpretados literalmente quando associados a um quase argumento (pro amanheceu), cf. Chomsky, 1981: 324 ss)" (Almeida, 1989).

24. Na escrita, não apenas o uso de aspas pode produzir tais efeitos na construção de novos sentidos. Expressões sublinhadas, em negrito, em caixa alta, etc. também podem revelar o mesmo fenômeno, embora nem sempre estes recursos sejam usados para isto. Na oralidade, recursos prosódicos como silabação, mudança de tom, e mesmo o uso de expressões lexicalizadas como *por assim dizer, entre aspas,* podem marcar a ocorrência do mesmo tipo de fenômeno.

25. Retomo a classificação do autor com exemplos seus (traduzidos) que me pareceram mais significativos para o ponto de vista que venho defendendo: da ação sobre a linguagem para a produção de novos sentidos.

26. Devo esta observação a propósito do *tancredou* ao médico Laurindo Sasso, do Hospital de Clínicas da UNICAMP.

27. O exemplo está em Possenti (1988b), que o coletou na "Coluna 3" de *O Estado de S. Paulo,* de 13-7-88.

28. Os estudos sobre a relação entre linguagem e pensamento têm apontado para a importância daquela na construção de operações deste. Apesar da relevância do tema para o tipo de ação que pretendo tratar neste item, por falta de estudos na área, remeto o leitor à bibliografia específica. Meus comentários a propósito serão periféricos e intuitivos.

29. Trata-se de dados registrados e analisados por Rosa Attié-Figueira, e coletados pela pesquisadora com Anamaria, o primeiro aos 2 anos, 11 meses e 15 dias; o segundo aos 4 anos, 5 meses e 27 dias. Minha retomada das questões levantadas por Whitaker-Franchi tem apenas a pretensão de mostrar a existência de restrições da própria língua sobre as ações dos sujeitos. Como tais, estas restrições constituem os sujeitos, porque contribuem para as formas de seus raciocínios lógico-lingüísticos. Novamente, devo remeter o leitor aos textos que inspiram meu comentário.

30. Ver a propósito da atividade quase-estruturante Lahud (1975) e Franchi (1977).

31. Na expressão de Bakhtin (1977: 118): "uma vez materializada, a expressão exerce um efeito reversivo sobre a atividade mental: ela põe-se então a estruturar a vida interior, a dar-lhe uma expressão ainda mais definida e mais estável".

32. Veja-se, a propósito do assunto, Perus (1984).

33. A propósito, leia-se a crítica feroz que faz Franchi (1986: 30-31).

34. Minha exposição, a partir daqui, baseia-se em Foucault (1971), especialmente a primeira parte de seu texto. Evitarei a remissão, a cada ponto, ao texto, alertando o leitor que minha exposição é uma paráfrase.

35. Deve-se a Pêcheux a introdução do jogo de imagens na Análise do Discurso. Atenho-me aqui à formulação de Osakabe (1979).

36. Retomo aqui, mais sucintamente, considerações feitas no texto *Prática da produção de textos na escola.*

37. A propósito, veja-se Maria Ribeiro dos Santos (1987) que analisa os conceitos atribuídos a textos de alunos, contrapondo-os aos critérios que os professores, em seus depoimentos, dizem utilizar. Pela análise das redações e dos depoimentos dos professores, a autora conclui que na verdade os critérios são aqueles que se coadunam com a inculcação ideológica. São avaliadas positivamente as redações que estão "de acordo com a instrução dada no tratamento do tema", o que para a autora é o ensino da obediência. Ruschel (1990), em sua dissertação de mestrado, faz o estudo das observações de uma professora em textos de duas alunas do curso de formação para o magistério. Os textos eram sobre a *educação hoje*: somente recebeu avaliação positiva a aluna que repetiu o discurso corrente e positivo sobre a educação, tomando o magistério como o exercício de uma missão.

NOTAS DO CAPÍTULO 2

1. Um estudo desta correlação, ao longo da história da educação, e relativamente ao ensino de língua materna, está por ser feito.

2. Seria ingênuo pensar que neste mesmo tempo não floresciam escolas onde os mestres ensinavam o que tinham aprendido com seus mestres. Com "as escolas de sábios" estou querendo caracterizar uma época e não analisar detalhadamente a época. Por existirem hoje, no Brasil, escolas com projetos definidos, que se organizam em torno de pesquisas com linhas específicas, com alunos também pesquisadores, especialmente em cursos de pós-graduação, e que seriam *mutatis mutandis* semelhantes às "escolas de sábios", estas existências não identificam historicamente nossa época. No mesmo sentido, ao contrário, a existência na Grécia antiga, no Império Romano ou na Idade Média, de escolas com professores não produtores de conhecimento, não seriam estas que identificariam a época.

3. O que aparece na pena irônica de Montesquieu sobre a Paris dos começos do século XVIII se concretiza hoje entre nós: "Uma infinidade de mestres de línguas, artes, ciências ensinam o que não sabem, habilidade muito notável, porque pouco engenho se requer para uma pessoa ensinar o que sabe, mas é mister possuí-la mui grande para ensinar o que ignora" (Carta LVII, Rica a Redi, p. 117).

4. "... a introdução do livro-texto viabilizou a transformação da natureza do trabalho do professor; como este trabalho se objetivou na medida em que foi transferida para o livro a função de decidir a organização e o conteúdo desse trabalho. De artesão, de trabalhador individual autônomo, que coloca toda sua subjetividade no trabalho, o professor passa a assalariado, a trabalhador coletivo que executa tarefas parcelares e que transfere para o aluno não a subjetividade de sua classe, mas a subjetividade da classe dominante. A adoção do livro didático significa essa transformação nas relações do trabalho docente" (Mazzotti, 1986: 119-120).

5. Entre os trabalhos mais conhecidos: Bonazzi e Eco (1972), Bivar (1975), Nosella (1979), Lajolo (1982). O "catálogo" resultante da pesquisa sobre o "estado da arte" do livro didático, pesquisa realizada por um grupo de professores da UNICAMP, grupo de que participei, registra inúmeros textos que abordam o livro didático a partir das questões ideológicas. Veja-se Fracalanza et al. (1990).

6. Ver, por exemplo, a análise de revistas Disney, feita por Dorfman e Mattelart (1972).

7. Ver Hilgert (1989), para a análise destas presenças na modalidade oral.

8. Ver Van Dijk (1987: 50 ss.).

9. Como diz Authier-Revuz (1982:10), "o sentido de um texto não é jamais interrompido, já que se produz nas situações dialógicas ilimitadas que constituem suas leituras possíveis".

10. Cf. Mackenzie (1988).

11. Retiro a narrativa de um contexto. A reflexão que lhe segue mostra possibilidades de trabalho com textos que não são a mera repetição da proposta do Padre Matos. O exemplo narrado serve para mostrar duas coisas: a imitação como forma de aprender e o professor como articulador dos eixos epistemológicos e das necessidades didático-pedagógicas.

12. Como mostra Miéville (1988) mesmo nas descrições, cujos *objetos* aparentemente existem autonomamente em relação ao discurso que os descreve, "todo objeto de discurso está ligado às noções fundamentais do domínio referencial que lhe é associado. A natureza ontológica destas noções releva do representativo. Elas são, então, o reflexo de uma categorização do real ou do que se supõe existir. Historicamente concebida, esta categorização contém marcas de natureza cultural e social" (p. 150).

13. Uma pesquisa interessante a se fazer é verificar como se dão, e em que épocas se dão, estas diferentes formas de inserção do texto como conteúdo de ensino de português. Evidentemente uma tal pesquisa deverá associar, de um lado, dados

sobre os trabalhos com textos e de outro lado as concepções de educação que inspiram o movimento que faz oscilar entre as três formas de inserção apontadas. Fonte necessária para tal trabalho é o Memorial para Concurso de Professor Titular da Faculdade de Educação da UFMG, de Magda Becker Soares. Em sua *Travessia* poderão ser detectados os pontos essenciais deste movimento, especialmente no que tange às diferentes formas de conceber a educação em épocas recentes desta história. Ao mesmo tempo, a autora oferece as pistas para o estudo desta correlação. Militante não só na filosofia da educação ou na sociologia da educação, mas fundamentalmente no ensino de língua portuguesa inspirado pelas posições filosóficas e sociológicas, Soares vai traçando, na memória de sua caminhada, alguns elementos essenciais para compreender as diferentes formas de trabalho com textos. Ao resumir estas formas em apenas três, estou abstraindo detalhes que uma pesquisa mais acurada poderá e deverá mostrar serem essenciais e, portanto, poderão exigir uma revisão do ponto de vista aqui defendido. Mantenho, no entanto, meu ponto de vista, que se funda mais numa perspectiva dos estudos lingüísticos sobre textos e discursos, esperando que a pesquisa interdisciplinar aqui apontada possa ocorrer e que seus resultados levem a avançar nossa compreensão deste processo.

NOTAS DO CAPÍTULO 3

1. O leitor já com tradição poderá passar diretamente para 3.2.
2. No libelo de Comenius, encontramos uma passagem que, mudados os tempos, ainda é atual, especialmente se lembrarmos as variedades lingüísticas. Ainda que longos, cito três parágrafos seus.

> Pode objectar-se, e costuma objectar-se, que nem todas as línguas são tão ricas de modo a poderem traduzir igualmente bem os vocábulos gregos e latinos. Objecta-se ainda que, mesmo que essas línguas traduzam bem esses vocábulos, todavia, os eruditos, habituados aos seus termos, não os abandonam. Finalmente, objecta-se que é melhor que crianças, que devem ser iniciadas no estudo do latim, se habituem já aqui à fala dos eruditos, para que não seja necessário depois aprender duas vezes os termos técnicos. Mas responde-se a essas objecções. A culpa não é das línguas mas dos homens, se alguma língua se revela obscura, mutilada e imperfeita para significar aquilo que é necessário. Também os latinos e os gregos tiveram de inventar primeiro as palavras e de as fazer entrar no uso corrente; a princípio, pareceram-lhes tão ásperas e obscuras, que eles próprios duvidaram se as deviam ou não cultivar; mas, depois que foram aceites, não há nada de mais significativo. É o que se verifica com as palavras ente, essência, substância, acidente, qualidade, quidade, etc. Não faltaria, por-

tanto, nada a nenhuma língua, se aos homens não faltasse o engenho. Quanto à segunda objecção: que os eruditos conservem para si a sua língua; nós agora pensamos apenas nos ignorantes e no modo de os levar também a entender as artes liberais e as ciências, isto é, no modo de lhes não falar com a boca de estrangeiro e numa língua exótica.

(Comenius, 1627: XXIX, 13, 14, 15)

3. Cf. Gnerre (1985).
4. Grosseiramente falando, as discussões sobre a subjetividade, especialmente no interior da Análise do Discurso, poderiam ser divididas em dois grandes grupos: a) de um lado, aqueles que atribuem um papel praticamente nulo ao sujeito, tomando-o como *assujeitado* a determinada formação discursiva. Importaria aqui analisar as formações discursivas, de que os discursos seriam apenas exemplos; b) de outro lado, aqueles que atribuem ao sujeito todo o poder, fonte dos sentidos, parâmetro único dos sentidos.

É bem verdade que esta segunda posição é mais atribuída do que defendida por autores citados pela primeira corrente como seus defensores. Em Benveniste, por exemplo, não se pode encontrar a defesa da posição b). Passagens suas, normalmente citadas como comprobatórias de seu pertencimento ou sua defesa de b) não me parecem suscetíveis de tal interpretação. Assim, ao dizer que a enunciação é colocar em funcionamento a língua por um ato individual, ou

O ato individual de apropriação da língua introduz aquele que fala em sua fala. Este é um dado constitutivo da enunciação. *A presença do locutor em sua enunciação faz com que cada instância de discurso constitua um centro de referência interno.*

(Benveniste, 1976: 84 — grifos meus)

não significa que o sujeito ao se constituir como locutor constitui-se como fonte dos sentidos. O centro de referência interno de cada discurso e suas marcas lingüísticas (dêixis, temporalidade, verbos de atitude ou a performatividade) são as responsáveis pela referência ao mundo do "aqui e agora" do discurso, fazendo deste uma fala situada, acontecimento relacionado a seu tempo. As proposições afirmadas no interior deste discurso, e assumidas pelo seu sujeito enunciador, não significam apenas para este sujeito. Ou para seu interlocutor. Ou para esta relação discursiva ou intersubjetiva. Ancoradas no presente (ancoragens lingüisticamente marcadas inclusive), as proposições revelam a forma como o sujeito se relaciona com estas proposições, e estas, afirmadas, postas sob suspeita, negadas, etc. dão conta da articulação deste sujeito a que, lhe sendo exterior, é constitutivo de si próprio, por suas histórias através das quais incorporou categorias (ideológicas, científicas, de senso comum, etc.) com que interpreta o mundo, os homens e suas relações. No mesmo sentido, outra passagem do autor:

> A linguagem só é possível porque cada locutor se apresenta como *sujeito*, remetendo a ele mesmo como *eu* no seu discurso. Por isso, *eu* propõe outra pessoa, aquela que, sendo embora exterior a "mim", torna-se meu eco — ao qual digo *tu* e que me diz *tu*. (...) nenhum dos dois termos se concebe sem o outro; são complementares, mas segundo uma oposição "interior/exterior", e ao mesmo tempo são reversíveis. (...) Caem assim as velhas antinomias do "eu" e do "outro", do indivíduo e da sociedade. Dualidade que é ilegítimo e errôneo reduzir a um só termo original, quer esse termo único seja *eu*, que deveria estar instalado na sua própria consciência para abrir-se então à do "próximo", ou seja, ao contrário, a sociedade que preexistiria como totalidade ao indivíduo e da qual este só se teria destacado à medida que adquirisse a consciência de si mesmo. É numa realidade dialética que englobe os dois termos e os defina pela relação mútua que se descobre o fundamento lingüístico da subjetividade.
>
> (Benveniste, 1976: 287)

Se leio bem esta passagem, *eu* e *tu* constituem-se na relação. Ora, para cada relação em que nos constituímos, trazemos a história de relações anteriores. Daí, por me constituir em cada discurso como eu/tu deste discurso, não se pode atribuir a Benveniste que este *eu* e *tu* apagam histórias anteriores, de relações anteriores. Aliás, isto não faria qualquer justiça a outras distinções de Benveniste, como por exemplo de emprego da língua e emprego das formas; as noções de forma e sentido na linguagem; e a própria noção de "apropriação" da língua pelo indivíduo. Pode-se dizer, talvez, que lhe falta explicitar que a língua de que o sujeito se apropriaria não é um produto pronto e acabado, mas que este próprio processo de apropriação é, por seu turno, produtor de língua(gem), pelos (des)locamentos que produz. Mas aí seria exigir outro Benveniste.

5. A distinção foi objeto da reflexão nos textos "Escrita, uso da escrita e avaliação"; "Prática da produção de textos na escola", e "Subsídios metodológicos para o ensino de língua portuguesa". A distinção é uma decorrência de leituras na área de "lingüística da enunciação" e da "análise do discurso", e sua necessidade confirmava-se, cada vez mais, pelos trabalhos de lingüistas sobre redações escolares. Entre estes, o estudo de Pécora (1983) a mostrar

> o fracasso daquelas redações para se instituírem como um espaço de intersubjetividades, como uma forma de ação entre autor e leitor, como uma experiência de significação. (...) Tratava-se, portanto, de uma falsa produção, de uma falsificação do processo ativo de elaboração de um discurso capaz de preservar a individualidade de seu sujeito e de renová-la, desdobrá-la, na leitura de seus possíveis interlocutores. Tratava-se de uma redução auto-anuladora na virtualidade de uma linguagem sempre permeável

ao momento particular em que se manifesta, às individualidades em jogo, ao jogo das intenções e finalidade, à história que significa.

(Pécora, 1983: 13-14)

6. Trata-se de texto produzido por aluno da 1ª série (classe de alfabetização) de escola da rede municipal de ensino de São Paulo, em 26 de outubro de 1989. O texto foi trazido por uma professora para discussão, em uma das múltiplas conversas com professores.

7. Valem aqui as mesmas observações da nota anterior, com uma exceção: a data do texto é 24 de outubro de 1989. Não se trata do mesmo aluno.

8. Considero o diálogo não como a sucessão de diferentes textos, mas como uma unidade textual construída "a várias mãos". Obviamente, num debate, por exemplo, este texto, produzido pelas diferentes enunciações, poderá ser cruzado também por diferentes formações discursivas.

9. Os exemplos (3) e (4) são transcrições de aulas. O material foi coletado por Isabel dos Santos Araújo, para a dissertação de mestrado *A prática da linguagem e o ensino de 1º grau* (UFS-Car, 1985). Em Silva et al. (1986) utilizamos estes mesmos diálogos para outras reflexões (pp. 40 ss). As transcrições não consideraram ruídos, falas sobrepostas, etc.

10. Olhos verdes como esmeraldas; olhos pretos como jaboticadas. A constrição lembra o conceito de disciplina de Foucault. Se a disciplina por um lado permite que se formulem indefinidamente novas proposições na área da pesquisa, na escola ela se cristaliza em normas de não-produtividade. Grama, limão, pêra, árvores, folhas: não; é preciso ser esmeralda. *Mutatis mutandis*, "o que você faz não é lingüística aplicada, é política de ensino de língua materna"; "sua análise não é Análise do Discurso, mas análise de conteúdo"; "seus trabalhos não são de Lingüística, mas de Ciências Sociais", etc., e por aí se vão construindo "disciplinas" escolares. E assim, desde crianças, nos "olhos verdes como esmeraldas", "pretos como jaboticabas", vamos aprendendo vida afora o que de fora deve ir ficando. O que na ciência poderia ser produtivo (a disciplina), na escola é constritivo.

11. A propósito,

... como a escola é o lugar privilegiado da transmissão do saber, crê-se que a linguagem utilizada nas interações verbais da classe não veicula senão conteúdo. De fato, as intervenções do professor organizam permanentemente o funcionamento das relações interindividuais, aceitando ou censurando os tipos de discursos utilizados. A atividade metalingüística em classe incide, como em toda interação, sobre o que é dito, sobre o modo de dizer e sobre a relação verbal ela mesma. Um estudo americano (De Corte et alii, 1979. *Les fondements de l'action didactique*, De Boeck) mostra que 90% da produção verbal é assumida pelo professor, 50% dirigida à classe como um todo, 50% dirigida a um aluno particular. Mais de metade desta produção não concerne ao conteúdo informativo do curso, mas à gestão das relações entre os indivíduos. Quando o professor se dirige ao conjunto da classe seu discurso visa sobretudo o conteúdo, enquanto que ao dirigir-se a um aluno trata-se essencialmente de comportamento escolar. Para refinar estes resultados muito gerais, seria interessante examinar o discurso do professor que não incide sobre o conteúdo do curso mas que visa muito precisamente às práticas lingüísticas nos campos do dito e do dizer. De qualquer modo, este tipo de estudo mostra que há um engano na afirmação da predominância do verbal incidindo na comunicação do saber na pedagogia transmissiva, hoje dominante. Paralelamente a uma construção de conhecimentos, o professor constrói os papéis e os lugares de cada um no espaço escolar. De fato, como o constata L. Sprenger-Charolles (*Analyse d'un dialogue didactique: l'explication de texte, Pratiques* 40), o que é antes de tudo um sistema de ensino senão uma ritualização da fala? Globalmente, é ao professor que compete a tarefa de fixar os direitos à tomada da palavra, o nível de pertinência e de legitimidade das intervenções, seu momento e sua duração. A avaliação de sua aceitabilidade lingüística, o valor de seu conteúdo. É ele que pontua os inícios e os fins das seqüências, que marca as pausas do jogo e seus prolongamentos. Estas realidades, que pesam sobre as interações verbais em classe, se caracterizam mais freqüentemente por um funcionamento implícito que não é sem conseqüências nas condições de aprendizagem.

(Legrand-Gelber, 1989: 29-30)

12. Estou consciente de que pesquisas maiores devem ser feitas sobre o diálogo de sala de aula, comparando inclusive tais diálogos nos diferentes níveis de ensino, tomando em consideração os próprios tópicos ou assuntos de tais diálogos. Neste sentido, é preciso relativizar as conclusões (a)-(c) aqui expostas.

13. Uso a expressão relação interlocutiva e interação como sinônimas. Se o esquema pode aparentar um encontro de anjos sem história e sem concretude, como se a relação interlocutiva se desse fora do mundo, não atravessada, de "iguais", sem classes sociais e sem diferenças, retome-se aqui tudo o que se explicitou no cap. 1 para afastar esta idealização da interação sem história e sem condicionamentos.

14. Possenti (1989), fazendo a mesma crítica, afirma:

O contínuo deslocamento do centro das atenções se deve a um equívoco de parte do movimento que desloca. O equívoco revela um raciocínio rasteiro, e que pode, simplificadamente, ser assim formulado: se um fator não resolve totalmente um problema, então ele não tem relevância alguma. Aplicado o raciocínio ao caso, produziu os seguintes equívocos: se o autor não tem condições de controlar totalmente a interpretação do texto que produz, então ele é um fator a ser desconsiderado totalmente. Vai-se então ao texto, pensando: agora sim temos a chave, pois estamos diante de um código: como ele é geral, não é idiossincrático, é só decodificar. E o que se percebe é que o texto que deveria ser transparente está longe de exibir tal propriedade. Donde se conclui que, se ele não fornece completamente o seu sentido, então não deve mais ser levado em conta. Vale o que vale o autor: nada. E vai-se então ao leitor, dizendo-lhe que ele faz com o texto o que puder, que ele é o árbitro. Alguns concluem que, se é a eles que cabe a decisão, então é preciso esforçar-se para não fazer feio. Outros acham que, já que são eles mesmos que decidem, o que fizerem está bem feito.

Ao não darmos, de nossa parte, a nenhum dos três vértices (autor-leitor-texto) o papel de árbitro, pretendemos escapar a estes equívocos elegendo a própria relação interlocutiva como o espaço a iluminar a historicidade dos acontecimentos construídos nesta relação.

15. Cf. Ehlich (1986).
16. Creio que é neste sentido a afirmação de Lajolo:

> O leitor maduro é aquele para quem cada nova leitura desloca e altera o significado de tudo o que ele já leu, tornando mais profunda sua compreensão dos livros, das gentes e da vida. (1982: 53)

17. Retomo aqui considerações feitas em "Prática da leitura de textos na escola".
18. O exemplo é retirado de Hubner, R. M. (org.), 1989: 165-166.
19. Pelo número de pesquisas que se têm dedicado ao assunto, parece irrefutável que os conhecimentos prévios do sujeito interferem no processo de compreensão de textos. A demanda por textos de leitura, resultante do trabalho que aciona crenças e conhecimentos do senso comum, torna a leitura não só uma ação com razão de ser, na escola, mas também uma tarefa mais exeqüível para alunos e professores. Para André-Jacques Deschênes (1988):

> A maioria dos estudos demonstram um efeito positivo dos conhecimentos iniciais dos sujeitos em seu desempenho. Os trabalhos de Baldwuin, Peleg-Buckner e Meclintoch, de Birkmire, Callahan e Drum, Carrel, Chiesi et al. Dean e Enemoh, Johnson, Marr e Gormley e Taylor mostram que desempenhos de retenção ou de reconhecimentos são largamente dependentes dos conhecimentos iniciais; os sujeitos que possuem conhecimentos num domínio antes da leitura de um texto sobre este domínio retêm mais informações, organizam melhor e fazem menos erros do que aqueles que possuem menos. Trata-se aí de um efeito de partida, sobre a recuperação ou produção de informações (p. 140).

A ativação de tais conhecimentos e crenças, evidentemente, pode auxiliar o processo de leitura, mesmo que seu processamento se dê de forma mais lenta em função do fato de o texto a ser lido tratar do mesmo domínio de perspectivas contrárias àquelas das crenças do leitor. Não é a lentidão de processamento que deverá afastar o acionamento de tais crenças. Ao contrário, a leitura se tornará mais significativa ainda pelo contraponto que permitirá ao aluno e ao professor, já que não se pensa a leitura como mera retenção de informações do lido para aferição, mas como um processo de construção de categorias de compreensão do mundo e das pessoas. A aceitação de um ponto de vista diferente daquele que resultou do diálogo que levou a ler o texto tem significado muito mais profundo quando este fato implica deslocar crenças prévias.

De outro lado a compreensão do que temos chamado de *"caminhada interpretativa"* do leitor se dará mais facilmente se professor e alunos, em face do diálogo que os levou às leituras de tais textos, tiverem presente as crenças e os conhecimentos do senso comum que, infalivelmente, serão acionados na leitura.

20. América A. C. Marinho (1989), no debate registrado em Hubner (1989: 184):

> Eu me lembro de um texto de aluno que vocês colocaram; pedia-se para ele falar sobre o seu dia. Na verdade, sabemos que o objetivo principal desse trabalho é vermos como ele se expressa, como ele escreve. No entanto, queremos que ele acredite que estamos interessados em saber como foi o dia dele. Existem alunos que entram no nosso jogo e fingem que acreditam que estamos realmente interessados no que todos eles fizeram. Não que isso não possa ser verdade, mas, na maioria dos casos, o objetivo mesmo da atividade é o aluno vir a dominar a norma culta.

O que se propõe aqui é uma escuta real, e mesmo que o objetivo seja "o domínio da norma culta", parece que esta só se dará pela efetividade das interações que possam ocorrer em sala de aula.

21. Intuitivamente, o leitor poderá lembrar aqui as diferentes competências, no tempo, dos discursos políticos e suas configurações. Na última campanha eleitoral para a Presidência da República (1989), a comparação não só dos pontos de vista de conteúdos defendidos, mas das formas de fazê-lo nos mostra que discursos "competentes" de há décadas soavam como "fora de época" no final do século.

22. Com certa freqüência testei com minha filha as possibilidades interpretativas que estas configurações abrem. Pedindo-me que contasse histórias, passei a tomá-la como personagem das histórias que narrava, tomando episódios do cotidiano como fio condutor da narrativa. Demorava um certo tempo (ela estava entre 3 e 4 anos) para que se reconhecesse como a "menina" da história em que se misturavam realidade e ficção. Infalivelmente, este reconhecimento era acompanhado de um sorriso. Terminada a história, com várias interrupções para precisar o ocorrido feitas por ela, pedia-me imediatamente que contasse outra *história*, mas *história mesmo*. Não dessas que fossem assim, não histórias mas verdades.

23. Exemplo típico, na literatura, pode ser dado por *Força do destino*, de Nélida Piñon.

24. Retirado de Lajolo (1982: 40).

25. Retirado de *Jacarés ao sol*. SP, Ática, 1976.

26. Para evitar a acusação de ingenuidade numa tal proposta, lem-

bro que a hipótese não desconsidera a existência de outros fatores sociais envolvidos na eleição de determinada variedade como o padrão. O ponto crucial da hipótese defendida é que a variedade padrão também se modifica e a sua instabilidade é conseqüência de seu próprio uso. Uma língua não existe de forma independente de seus falantes; e estes não existem fora das condições concretas de determinada formação social.

27. De modo especial, os textos "Subsídios metodológicos para o ensino de língua portuguesa" (1981), "Possíveis alternativas para o ensino de língua portuguesa" (1982) e "Unidades básicas do ensino de português" (1984).

28. No trabalho desenvolvido com professores, a questão da "análise lingüística" é um "calcanhar de Aquiles" no decorrer de todo o trabalho de mudança de perspectiva no ensino. Isto pode ser atribuído: a) à necessidade que sente o professor de um terreno sólido sobre o qual assentar seu ensino; b) à destruição sistemática, na própria formação do professor, de suas intuições de falante que o levam a pensar que ensinar a língua é ensinar a metalinguagem, sustentada em argumentos de autoridade e não em refletir, ainda que intuitivamente, sobre a língua. De qualquer modo, a retomada da questão de um ponto de vista mais escolar é uma necessidade. O problema desta retomada é que sua leitura a torne um receituário de reflexões a serem feitas, e não numa amostra de reflexões que se fizeram. Enfim, o risco deverá ser assumido em algum momento, com a produção de material destinado a professores de 1º e 2º graus sobre a análise lingüística na sala de aula. Um projeto a mais no horizonte das muitas coisas a fazer.

29. As operações discursivas a que me referirei são o resultado de leituras esparsas, especialmente na área de Análise do Discurso. Algumas delas têm uma fonte bibliográfica precisa, e será anotada; outras são inspiradas em outras análises de fenômenos discursivos; outras são articulações próprias.

30. Para cada operação, tentarei dar dois exemplos, retirados de textos. Quando não houver indicação de fonte, os exemplos foram construídos. Na medida do possível, a reflexão se fará com base nos exemplos. Mais do que uma definição, o que terei em mente é mostrar a presença de tal tipo de operação. Nos exemplos evidentemente se sobreporão mais de um tipo de operação. Centrarei a reflexão na operação de que se estará tratando, os mesmos exemplos podendo retornar ou não em outras operações.

31. Há uma vasta literatura sobre a *argumentação*, quer do ponto de vista retórico, quer de um ponto de vista mais estrita-

mente lingüístico na Semântica Argumentativa, que tem estudado as "marcas" das orientações argumentativas, na análise dos "operadores argumentativos". Não se tratando aqui de um estudo de detalhes, penso que as informações dadas permitem ao leitor um estudo mais específico na área. Remeto-o à bibliografia.

32. Na terminologia de Miéville, são operações de ingrediência (*ingrédience*).
33. Retirado de Gil Neto, 1988: 110.
34. Idem, ibidem, p. 111.
35. Exemplo de Orlandi (1981: 55), retirado pela autora de livro didático. Para detalhes de sua análise, ver "O discurso da história para a escola".
36. Exemplo retirado de Possenti (1988a: 111) onde se tecem outras considerações a propósito destas formas de "correferencialidade".
37. Este, e os exemplos 6.2.; 5.1.; 4.2.; 3.2.; e 2.2. são de Miéville.
38. Exemplo de Marcuschi, 1982: 19.
39. Exemplo retirado de Cagliari (1989), de onde vem também a inspiração sobre este tipo de operação.
40. Com diferentes perspectivas, os estudos sobre este tipo de fenômeno são hoje muito amplos. Ainda que não se tenha sobre o assunto sequer uma terminologia comum, estes estudos revelam-se frutíferos de vez que as análises de detalhe vão mostrando que há nos recursos expressivos muito mais pistas de compreensão do que se diz ou do que se imaginaria numa posição que deixa tudo para o contexto e para o co-texto explicitar. Sobre as operações metadiscursivas (ou metalingüísticas, a diferença de expressão sendo significativa em face dos fenômenos que refletem) veja-se, por exemplo, Borilo (1985), Pop (1989), Authier-Revuz (1982), Legrand-Gelber (1989), entre outros.

REFERÊNCIAS BIBLIOGRÁFICAS

Almeida, C. M. (1989), "Predicação metafórica e gerativismo", *Cadernos de Estudos Lingüísticos* 17:147-162. IEL/UNICAMP, Campinas.

Almeida, J. L. (1911), *Histórias de nossa terra*. Rio de Janeiro, Francisco Alves, 7.ª edição.

Angenot, M. e Robin, R. (1987), "Penser le discours social: problématiques nouvelles et incertitudes actuelles — un dialogue entre 'A' et 'B'", *Sociocriticism*, vol. III, 2 (n.º 6): I-XII.

Anis, J. (1985), "Litteralement and dans plusieurs sens: le texte", *Linx* 12:25-36.

Arroyo, M. (1989), "A formação, direito dos profissionais da educação escolar", in Departamento Técnico Pedagógico. *Política de capacitação dos profissionais da educação.* Belo Horizonte, FAE/IRHJP, 1989:35-71.

Authier-Revuz, J. (1982), "Hétérogénéité montrée et hétérogénéité constitutive: éléments pour une approche de l'autre dans le discours", *DRLAV — Revue de Linguistique* 26:91-151.

Back, E. (1987), *Fracasso do ensino de português: proposta de solução*. Petrópolis, Vozes.

Bakhtin, M. (1977), *Marxismo e filosofia da linguagem*. Tradução de Michel Lahud e Yara Frateschi Vieira, São Paulo, Hucitec, 2.ª ed., 1981 (original de 1929).

Barbosa, R. (1883), "Métodos e programa escolar", in *Reforma do ensino primário e várias instituições complementares da instrução pública*. RJ, Ministério da Educação e Saúde, 1946 (Obras Completas de Rui Barbosa, 1883, vol. X, tomo II).

Begue, D. (1984), "Enonciation, temporalisation et actes de langage indirectes", *Linx* 10:119-134.

Beltran, J. L. (1989), *O ensino de português — Intenção e realidade*. São Paulo, Moraes.

Benveniste, E. (1966), "Da subjetividade na linguagem" in *Problemas de lingüística geral*, vol. I. Trad. de Maria da Glória Novak e Luiza Neri, São Paulo, Cia. Ed. Nacional e Ed. da USP (original de 1958).

_____. (1970), "O aparelho formal da enunciação" in *Problemas de lingüística geral*, vol. II. Campinas, Pontes, 1989. Tradução de Marco Antônio Escobar.

Bernardo, G. (1988), *A redação inquieta*. Rio de Janeiro, Globo.

Bittencourt, S. T. (1981), *Livro didático de português: diagnóstico de uma realidade*. Dissertação de mestrado. Univ. Federal do Paraná.

Bivar, M. F. (1975), *Ensino primário e ideologia*. Lisboa, Seara Nova, 2.ª ed.

Bonazzi, M. e Eco, U. (1972), *Mentiras que parecem verdades*. Tradução de Giacomina Faldini. São Paulo, Summus, 1980.

Borillo, A. (1985), "Discours ou metadiscours?", *DRLAV — Revue de Linguistique* 32:47-61.

Cagliari, L. C. (1989), "Marcadores prosódicos na escrita", in *Estudos Lingüísticos XVIII — Anais de Seminários do GEL*. Lorena, Prefeitura Municipal de Lorena/GEL, pp. 195-203.

Carvalho, J. G. H. (1971), *A difusão da língua portuguesa na África*. Luanda, Universidade de Luanda.

Cheong, K-S. (1988), "Les guillemets, marqueurs de reformulation modulés", *Modèles linguistiques* 19:71-81.

Cohen, T. (1973), "Illocutions and perlocutions", *Foundations of language* 9:492-503.

Comenius, J. A. (1627), *Didactica Magna*. Lisboa, Fundação Calouste Gulbenkian, 2.ª edição, 1976. Introdução, tradução e notas de Joaquim Ferreira Gomes.

Coquet, J-C. (1984), *Le discours et son sujet*. Vol. I, Paris, Klincksiek.

Coudry, M. I. H. (1988), *Diário de Narciso — Discurso e afasia*. São Paulo, Martins Fontes.

Coudry, M. I. H. e Morato, E. M. (1988), "A ação reguladora da interlocução e de operações epilingüísticas sobre objetos lingüísticos", *Cadernos de estudos lingüísticos* 15:117-135.

Dascal, M. e Weizmann, E. (1985), "Contextual exploitation of interpretation clues in text understanding: an integrated model" in Papi, M. B. e Verschueren, J. (eds.), *The pragmatic perspective: selected papers from the 1985 International Pragmatics Conference*. Amsterdam, John Benjamins (a sair).

De Lemos, C. T. (1982), "Sobre a aquisição da linguagem e seu dilema (pecado) original", *Boletim da ABRALIN* 3:97-126.

Deschênes, A. J. (1988), "Le role des connaissances initiales dans l'acquisition d'informations nouvelles à l'aide de textes", *European Journal of Psychology of Education*, vol. III-2:137-143.

Dorfman, A. e Mattelart, A. (1972), *Para leer al pato Donald*, Buenos Aires, Siglo XXI.

Douay, M. (1988), "De la presse a la pub: l'ambiguité entre en jeu", *Modèles linguistiques* 19:21-31.

Ducrot, O. (1972), *Princípios de semântica lingüística — Dizer e não dizer*. Tradução de Carlos Vogt et al. São Paulo, Cultrix, 1977.

_____. (1973), "Les échelles argumentatives" in *La preuve et le dire*. Paris, Mame.

_____. (1984), *O dizer e o dito*. Tradução de Eduardo Guimarães et al. Campinas, Pontes, 1987.

Dupuy, J-P. (1988), "'Common knowledge' et sens-commun", *Sciences cognitives et science economique — Cahiers du C.R.E.A.*11:11-51.

Eco, U. (1977), "Os novos filósofos", in *Viagem na irrealidade cotidiana*. Trad. de Aurora Fornoni Bernardini e Homero Freitas de Andrade. Rio de Janeiro, Nova Fronteira, 1984:309-313.

_____. (1979), *Lector in fabula*. Tradução de Attilio Cancian, São Paulo, Perspectiva, 1986.

Ehlich, K. (1986), "Discurso escolar: diálogo?", *Cadernos de Estudos Lingüísticos* 11:145-172. IEL/UNICAMP.

Escola de Barbiana, *Carta a uma professora, pelos rapazes da escola de Barbiana*. Lisboa, Editorial Presença, s/data, 3.ª edição.

Fall, K. (1988), "Linguistique et didactique de la lecture", *Langues et linguistique* 14:71-88.

Fiala, P. (1986), "Polyphonie et stabilisation de la référence: l'altérité dans le texte politique", *Travaux du Centre de Recherches Sémiologiques* (Actes du Colloque Dialogisme et Polyphonie) 50:14-46.

Foucault, M. (1971), *A ordem do discurso*. Tradução de Sírio Possenti, revisão de Dinarte Belatto e José Crippa. Ijuí, Fidene, 1973.

Fracalanza, H. et al. (org.), Universidade Estadual de Campinas/Biblioteca Central-Serviço de Informação sobre livro didático. *O que sabemos sobre livro didático — catálogo analítico*. Campinas, Editora da UNICAMP/INEP, 1989.

Franchi, C. (1977), "Linguagem — atividade constitutiva", *Almanaque — Cadernos de Literatura e Ensaio*. 5:9-27, São Paulo, Brasiliense.

_____. (1986), "Reflexões sobre a hipótese da modularidade da mente", *Boletim da ABRALIN* 8:17-35.

_____. (1988), *Criatividade e gramática*. São Paulo, CENP/Secr. Educação do Estado de São Paulo.

_____. (1989), "Repensar o ensino da gramática — debate", in Hubner, R. M. (org.) (1989), *Quando o professor resolve*. São Paulo, Edições Loyola.

Franchi, E. (1984), *E as crianças eram difíceis... A redação na escola*. São Paulo, Martins Fontes.

Freire, P. (1970), *Pedagogía del oprimido*. Buenos Aires, Siglo XXI.

_____. (1982), *A importância do ato de ler*. São Paulo, Cortez.

Gadet, F. e Pêcheux, M. (1981), *La langue introuvable*. Paris, Maspero.

Gambier, Y. (1988), "Interaction verbale et production de sens", *Cahiers de linguistique sociale* 13:19-103.

Geraldi, J. W. (1981), "Subsídios metodológicos para o ensino de língua portuguesa no 1.º grau — 5.ª a 8.ª séries", *Cadernos Fidene* 18. Ijuí, Fidene.

Geraldi, J. W. (org.) (1984), *O texto na sala de aula*. Cascavel, Assoeste.

_____. (1986), "Prática de produção de textos na escola", *Trabalhos em lingüística aplicada*, 7:23-28.

Gil Neto, A. (1988), *A produção de textos na escola*. São Paulo, Edições Loyola.

Gnerre M. (1985), *Linguagem, escrita e poder*. São Paulo, Martins Fontes.

Granger, G. G. (1968), "O problema das significações", in *Filosofia do estilo*. São Paulo, Perspectiva, Tradução de Scarlet Zerbetto Marton, 1974:133-168.

_____. (1969), *A razão*. Tradução de Lúcia Seixas Prado e Bento Prado. São Paulo, Difel.

Grésillon, A. (1988), "Ambiguité et double sens", *Modèles linguistiques* 19:9-20.

Habermas, J. (1965), "Conhecimento e interesse", in *Técnica e ciência como "ideologia"*. Lisboa, Edições 70, 1987:129-147.

_____. (1967), "Trabalho e interacção", in *Técnica e ciência como "ideologia"*. Lisboa, Edições 70, 1987:11-43.

Hilgert, G. (1989), *A paráfrase — um procedimento de constituição do diálogo*. Tese de doutoramento, São Paulo, USP.

Hubner, R. M. (org.) (1989), *Quando o professor resolve*. São Paulo, Edições Loyola.

Ilari, R. (1985), *A lingüística e o ensino da língua portuguesa*. São Paulo, Martins Fontes.

Lahud, M. (1975), "A semiologia segundo Granger", *Discurso* 6:105-131. Dep. de Filosofia da FFLCH/USP, São Paulo.

Lajolo, M. (1982), *Usos e abusos da literatura na escola — Bilac e a literatura escolar na República Velha.* Rio de Janeiro, Globo.

————. (1982), *O que é literatura.* São Paulo, Brasiliense.

Legrand-Gelber, R. (1988), "De l'homogénéité du dialogue pédagogique a l'hétérogénéité des interactions didactiques", *Cahiers de linguistique sociale* 12:86-88.

————. (1989), "Pratiques 'meta' et interactions verbales en classe: reflexions pour une sociolinguistique", *Cahiers de linguistique sociale* 14:17-32.

Lombardo-Radice, G. (1919), "El ideal de una educación lingüística. Lengua y gramática", in *Lecciones de didáctica.* Barcelona, Labor, 1933.

Luft, C. P. (1985), *Língua e liberdade: por uma nova concepção da língua materna e seu ensino.* Porto Alegre, L&PM.

Mackenzie, I. (1988), "Le texte, le lecteur et la référence", *La construction de la référence. Cahiers du DLSL* 7:41-58.

Manacorda, M. A. (1989), *História da educação — da Antigüidade aos nossos dias.* Tradução de Gaetano Lo Monaco. São Paulo, Cortez/Autores Associados.

Marcuschi, L. A. (1982), "A propósito das estratégias jornalísticas", in *Linguagem oral, linguagem escrita.* Série Estudos 8, Uberaba, Fiube, pp. 18-23.

————. (1986), *Análise da conversação.* São Paulo, Ática.

Marinho, A. A. C. (1989), "Repensar o ensino da gramática — debate", in R. Hubner (org.), *Quando o professor resolve.* São Paulo, Edições Loyola.

Mauro, T. (1966), *Une introduction a la sémantique.* Tradução de Louis-Jean Calvet, Payot, 1969.

Mazzotti, M. A. (1986), *O livro didático como categoria de investigação da realidade escolar.* Dissertação de mestrado, UFSCar, São Carlos.

Miéville, D. (1988), "Description et représentation", *Travaux du Centre de Recherches Sémiologiques* 55:147-164.

Mittwoch, A. (1976), "Grammar and illocutionary force", *Lingua* 40.1:21-42.

Molina, O. (1987), *Quem engana quem: professor x livro didático.* Campinas, Papirus.

Montesquieu. (1721), *Cartas persas.* Tradução de Mário Barreto, Belo Horizonte, Ed. Itatiaia, 1960.

Motsch, W. (1980), "Situational context and illocutionary force", in Searle, J. R. et al. (ed.), *Speech act theory and pragmatics*. Dodrecht: Holland, D. Reidel Publishing Company, pp. 155-168.

Nosella, M. L. C. D. (1979), *As belas mentiras.* São Paulo, Cortez e Moraes.

Oliveira, M. L. (1989), "Reconstruindo a escola pública", entrevista concedida a técnicos do IRHJP, em julho de 1989, in Departamento Técnico Pedagógico. *Política de capacitação dos profissionais da educação.* Belo Horizonte, FAE/IRHJP, 1989:91-103.

Orlandi, E. (1981), "O discurso da história para a escola", in *A linguagem e seu funcionamento.* São Paulo, Brasiliense, 1983:51-71.

————. (1984), "As histórias das leituras", *Leitura: Teoria e Prática*, Año 3, n.º 3:7-9.

————. (1988), *Análise do discurso e leitura.* São Paulo, Cortez/Autores Associados/Ed. da UNICAMP.

Osakabe, H. (1979), *Argumentação e discurso político.* São Paulo, Kairós.

————. (1982), "Considerações em torno do acesso ao mundo da escrita", in Regina Zilberman (org.), *A leitura em crise na escola.* Porto Alegre, Mercado Aberto, 1982.

————. (1988), "Ensino de gramática e ensino de literatura — a propósito do texto de Lígia Chiappini Moraes Leite", *Linha d'Água* 6:57-62. APLL, São Paulo.

Parret, H. (1976), "Les théories linguistiques peuvent-elles être idéologiquement neutres? Ou l'histoire d'un démon qui s'appele véridiction", *Actes du Congrès International 'Strutture Semiotiche e Strutture Ideologiche'.* Université de Palerme, décembre 1976.

————. (1986), *Les passions — essai sur la mise en discours de la subjectivité.* Liège, Pierre Mardaga Editeur.

————. (1988), "Os objetivos e o domínio da pragmática", in *Enunciação e pragmática.* Campinas, Ed. da UNICAMP, 15-32.

Pêcheux, M. (1982), "Sur la (dé)construction des théories linguistiques", *DRLAV — Revue de Linguistique* 27:1-24.

Pécora, A. A. (1983), *Problemas de redação.* São Paulo, Martins Fontes.

Perus, F. (1984), "Cultura, ideología, formaciones ideologicas y practicas discursivas", *Discurso — Cuadernos de Teoría y Analysis*, ano 2, n.º 5.

Petöfi, J. S. e Kayser, H. (1978), "Les actes de langage et l'interprétation sémantique (le rôle des expressions performatives et constituantes de mondes dans l'interprétation de textes)", *Linguistique et semiologie* 5:137-176.

Piñon, N. (1984), *A república dos sonhos*. Rio de Janeiro, Francisco Alves.

Pop, L. (1989), "Vers une grammaire des marqueurs pragmatiques (domaine roumain-français)", *Revue roumaine de linguistique*, tome XXXIV, 3:217-229.

Possenti, S. (1979), "Discurso: objeto da lingüística", in *Sobre o discurso*. Série Estudos n.º 6, Uberaba, Fista, pp. 9-19.

————. (1981), "Discurso e texto: imagem e/de constituição", in Orlandi, E. (org.), *Sobre a estruturação do discurso*. Campinas, IEL/UNICAMP, pp. 39-62.

————. (1988a), *Discurso, estilo e subjetividade*. São Paulo, Martins Fontes.

————. (1988b), "Questões de Análise do Discurso". Trabalho apresentado no Simpósio *Teses Recentes de Doutoramento em Lingüística*, 40.ª Reunião Anual da SBPC, São Paulo, 1988.

————. (1989), "A leitura errada existe". Comunicação apresentada no XXXVII Seminário do GEL, Lorena (a sair em *Estudos Lingüísticos — Anais de Seminários do GEL* n.º 19).

Proust, M. (1905), *Sobre a leitura*. Tradução de Carlos Vogt. Campinas, Pontes, 1989.

Récanati, F. (1979), *La transparencia y la enunciación*. Tradução de Cecília E. Hidalgo, Buenos Aires, Hachette.

Rossi-Landi, F. (1968), *A linguagem como trabalho e como mercado — uma teoria da produção e da alienação lingüísticas*. Tradução de Aurora Fornoni Bernardini. São Paulo, Difel, 1985.

Roventa-Frumusani, D. (1984), "Argumentation, néorhétorique et théorie de l'action", *Revue roumaine de linguistique*, XXIX-3:247-256.

Ruiz, E. M. et al. (1986), "O livro didático de língua portuguesa — didatização e destruição da atividade lingüística", *Trabalhos em lingüística aplicada* 7:81-88.

Ruschel, L. I. (1990), *Fotografias do cotidiano escolar — o preço da disciplina é a eterna vigilância.* Dissertação de mestrado, Fac. de Educação, UNICAMP.

Santos, M. R. (1987), *A avaliação das redações escolares — alguns pressupostos ideológicos.* Belo Horizonte, Editora da UFMG.

Searle, J. (1969), *Speech acts — an essay in the philosophy of language.* Cambridge, Cambridge University Press.

Secretaria de Educação de Minas Gerais (1949), *O ensino de língua portuguêsa nas escolas mineiras.* Belo Horizonte, Imprensa Oficial.

Silva, L. L. M. (1986), *A escolarização do leitor: a didática da destruição da leitura.* Porto Alegre, Mercado Aberto.

Silva, L. L. M. et al. (1986), *O ensino de língua portuguesa no 1.º grau.* São Paulo, Atual.

Simonin, J. (1984), "De le nécessité de distinguer énonciateur et locuteur dans une théorie enonciative", *DRLAV — Revue de linguistique* 30:55-62.

Smith, C. S. (1977), "The vagueness of sentences in isolation", *CLS* 13:568-77.

Soares, M. B. (1974), "Comunicação e expressão: ensino da língua portuguesa no 1.º grau", *Cadernos PUC/Rio de Janeiro* 23:7-38.

_____. (1981), *Travessia — Tentativa de um discurso da ideologia.* Memorial de Concurso de Professor Titular, FAE/UFMG (inédito).

_____. (1985), *Linguagem e escola — uma perspectiva social.* São Paulo, Ática.

Tournier, M. (1972), *Sexta-feira ou os limbos do Pacífico.* Tradução de Fernanda Botelho, São Paulo, Difel, 1985.

Van Dijk, T. (1987), *Discourse and power.* University of Amsterdam, mimeo.

Vignaux, G. (1987), "Le pouvoir des fables", *Sociocriticism*, vol. III, n.º 2:63-93.

Whitaker-Franchi, R. C. M. (1989), "Correlação entre estruturas causativas e estruturas ergativas — Estudo de caso no processo de aquisição", *Cadernos de Estudos Lingüísticos* 17:163-185. IEL/UNICAMP, Campinas.

Wittgenstein, L. (1975), *Investigações filosóficas*. Tradução de José Carlos Bruni, São Paulo, Abril, 1975 (original de 1953).

Zaslawsky, D. (1979), "Pronoms personnels, performatifs et actes de langage", *Langue française* 42:48-59.